图文版

物流与仓储管理实操应用全案

WULIU YU CANGCHU GUANLI
SHICAO YINGYONG QUANAN

汤义萌　主编

中国工人出版社

图书在版编目（CIP）数据

图文版·物流与仓储管理实操应用全案 / 汤义萌主编. —北京：中国工人出版社，2013.9
ISBN 978-7-5008-5603-0

Ⅰ.①物… Ⅱ.①汤… Ⅲ.①物流—仓库管理Ⅳ.① F253.4

中国版本图书馆 CIP 数据核字（2013）第 225886 号

图文版·物流与仓储管理实操应用全案

出 版 人 李庆堂
责任编辑 姚远 石钰艳
责任校对 赵贵芬
责任印制 栾征宇
出版发行 中国工人出版社
地　　址 北京市东城区鼓楼外大街 45 号 邮编：100120
网　　址 http://www. wp-china. com
电　　话 （010）62350006（总编室）；（010）62005039（营销出版部）
（010）62382916（职工教育分社）
发行热线 （010）62005996（分社发行电话）；（010）82075964（分社传真）
经　　销 各地书店
印　　刷 北京睿特印刷厂
开　　本 787 毫米 × 1092 毫米 1/16
印　　张 18.25
字　　数 292 千字
版　　次 2013 年 10 月第 1 版 2013 年 10 月第 1 版第 1 次印刷
定　　价 42.00 元

PREFACE
本书导读

物流与仓储管理是指对仓库及仓库内的物品所进行的管理，是企业为了充分利用所具有的仓储资源，提供高效的仓储服务而进行的计划、组织、控制和协调过程。随着制造业不断向前发展，仓库已逐渐由过去的物品储存中心转变为企业的物流中心，成为连接生产部门、客户的桥梁。良好的物流与仓储管理能够促进企业提高客户服务水平，增强企业的竞争能力。

但很多企业的仓库中，仍然存在着仓储规划混乱、大量区域被浪费、搬运事故多发、物品入、出库手续不全等问题，严重影响了生产工作的顺利进行和及时向客户交货。

要想解决这些问题，仓库各级管理人员必须通过不断地学习，提高自己的管理水平，以提升工作效率，促进物流与仓储管理工作的高效进行。

基于此，我们在多年探索和研究的基础上，结合仓库的特点和实际工作的需要，编写了《图文版 · 物流与仓储管理实操应用全案》一书，为仓库各级管理人员的学习与工作提供良好的参考。

本书重点内容如下：

◇第一部分“怎样避免物流与仓储管理不规范”，明确指出企业在仓储规划管理、物品入库管理、物品搬运管理等方面可能存在的各种不规范行为，并明确提出实行规范化管理应当注意做好的工作、采取的措施、防范的事项等，如要做好仓区规划，应当使仓区与生产现场靠近，通道顺畅。

◇第二部分“怎样规范仓库的组织架构”，明确列举了物流与仓储管理的核心部门，即仓库的组织架构，同时根据该架构，列举了相应的岗位职责，如仓库经理的岗位职责、入库验收专员的岗位职责等。

◇第三部分“怎样规范物流与仓储作业流程”，将物流与仓储管理的各项重点内容以流程的形式清晰地展示出来，方便读者按照流程进行学习并用于实际工作中，如物料入库接收流程将物料入库接收分成“安排暂存区域”“通知检验”“按检验结果处理物料”等步骤，当需要对物料进行接收时，即可按照这些步骤进行。

◇第四部分“怎样进行物流与仓储专项管理”，将仓储规划管理、物品入库管理等物流与仓储管理的核心内容分为专项制度管理、专项表格管理两大板块加以讲述，其中专项制度管理部分则列举了物流与仓储管理的各项规范化制度，而专项表格管理部分则列举了物流与仓储管理工作中最常用的一些表格。

本书板块设置精巧，以简洁精确的语言对物流与仓储管理进行了非常生动、全面的讲解。读者在将本书内容运用于实际物流与仓储管理工作中时，要注意按照本书要求采取措施避免各种不规范行为的发生，按规定履行自己的岗位职责，同时按照各种流程开展日常管理工作。当需要用到各种制度和表格时，读者可以根据需要从本书中调取，以便即学即用。

CONTENTS

目　录

第一部分　怎样避免物流与仓储管理的不规范

仓库是企业各类产品的储存中心，规范的仓储管理可以提高企业的各类物料、半成品、成品的储存品质，节省更多成本，以为企业获得更多经营收入。

第一章　仓储规划管理七项要求

仓储规划是指在进行仓储活动之前，对于仓库选址、仓库总平面布置、仓区规划等进行决策及设计，为后续的仓储工作做好充分的准备工作。开展仓储规划工作必须非常仔细、认真，具体规划工作需要满足一些基本要求，避免出现差错。因为一旦仓储规划出现问题，很容易对仓库的正常运转造成重大影响。

第二章　物品入库管理八项注意

物品入库主要包含物料入库与成品入库两大部分，前者是指仓库将采购部门采购的物料验收入库，后者则是指将生产部门生产完工的成品验收入库。物品入库管理需要注意一些基本事项。通过这些事项，避免出现不必要的差错，从而保证入库工作的顺利完成。

第三章　物品搬运管理九项避免

搬运是指将物品从一处转移到另一处。搬运是仓库日常工作的重要内容，搬运工作需要防范一些基本的差错，例如选择错误的搬运方法，出现无效搬运等，避免损坏物品，给企业造成损失。

第四章　日常储存管理七项掌握

日常储存管理是指对仓库中所储存的各类物料、半成品、成品的日常保管工作。储存管理关系着各类在库物品的品质。良好的储存工作有助于物品的保管，若日常储存工作做得不好，则会损害物品的品质，给企业造成损失。因此，在进行储存管理时要掌握一些基本要领，如在保管高危物品时，可以建立单独的库房予以储存。

第五章　日常库存管理八项加强

库存控制是对企业的各类物料、半成品、成品等的库存进行管理和控制，使其数目保持在合理的水平上。日常库存控制关系着企业的运营效率。因此，必须加强对库存的控制工作，避免库存过高或过低，影响企业的正常生产秩序。

第六章　物品出库管理九项要求

物品出库主要包含两大部分，即物料出库和成品出库。物料出库一般是指领料和发料导致的物料离开仓库，而成品出库则是指企业向客户发货而使成品离开仓库。无论是物料出库还是成品出库，都需要满足一些基本要求，才能保障工作顺利进行，例如在物料发放时，要遵守规定程序、先进先出等。

第七章　仓储安全管理八项加强

仓储安全管理是指仓库通过各种安全措施，如加强监控等，确保仓库中各类物品的储存安全。安全管理是仓储工作的重中之重，各级仓管人员都应当采取措施，严格做好仓储安全管理，尤其是对一些贵重金属仓库、剧毒品仓库。

第八章　仓库5S管理八项掌握

5S是指整理（Seiri）、整顿（Seiton）、清扫（Seiso）、清洁（Seiketsu）、素养（Shitsuke）等五个项目，因日语的罗马拼音均为“S”开头，所以简称为5S。5S是一种保持现场良好环境，创造良好工作秩序的方法。规范的5S管理能为仓库创造一个良好的工作环境，提高仓库工作效率，减少仓库事故发生率。

第二部分 怎样规范仓库的组织架构

良好的组织架构有利于仓库各项工作的高效开展。因此，企业必须不断优化仓库的组织架构，使其不断地趋向规范化，合理化。

第一章 仓库的组织架构

仓库是各项仓储工作的承担者，建立良好的组织架构有利于仓储工作的顺利开展。仓库按不同类型、不同规模划分，有不同的组织形式。各级仓管人员应当了解仓库的组织架构，明确了解在架构中的位置，共同维护仓储工作的顺利进行。

第二章 仓库岗位职责

岗位职责是指每个岗位上的员工应当承担的工作职责，也包含了每个岗位的具体工作任务。企业必须明确仓库各级人员的岗位职责。只有明确了岗位职责，才能保证权责分明，使仓储工作顺利开展。

第三部分　怎样规范物流与仓储作业流程

物流与仓储工作对企业的正常运营起着非常重要的作用。为使仓储工作正常开展，企业应督促各级仓库人员按照相关作业流程开展工作，只有这样，仓储工作才能取得圆满结果。

第一章　仓储规划管理流程

仓储规划是仓库管理的基础工作，标准的仓储规划工作能够使仓库内部分区合理、物品摆放井然有序。仓储规划管理流程通常包括仓库与仓区规划流程和货位设计流程两大类。

第二章　物品入库管理流程

仓库是企业各类物料、半成品、成品的储存场所，无论是哪种物品进入仓库，都需要按照一定的流程进行。仓管人员应严格执行其入库流程，发现问题，及时处理。

第三章　物品搬运管理流程

搬运是仓库日常工作的重要内容。搬运不当容易造成物品破损、丢失，甚至造成人员受伤。因此搬运人员在开展搬运工作时，应按照相关流程进行。例如，在进行物料搬运时，先要确认搬运目的，然后选择搬运方法、搬运工具，搬运结束后要做好搬运记录等，同时搬运人员要小心搬运特殊物品，避免因搬运不当造成危险或损坏物品。

第四章　日常储存与库存管理流程

各级仓管人员要严格按照相关流程做好对仓库的日常储存管理工作，确保各类物品的储存安全，同时严格控制呆废料的产生，并采用各类不同的方法，如ABC分析法、复仓法等方法做好库存控制，避免库存过多或过少等现象的发生。

第五章　物品出库管理流程

物品出库管理是物流与仓储管理的重要组成部分，良好的出库管理能够及时为生产部门供应生产所需的物料，或者为客户发送产品。因此，各级仓管人员应当按照相关流程做好各项出库管理工作，确保物料和产品准确地发出。

第六章　仓储物流管理流程

仓储物流是指企业向客户发送货物的过程。当销售部发来出货通知单后，仓库就要安排发货，运输人员要按照相关流程，做好货物的装车、运输、卸货等一系列工作。

第七章　仓储安全管理流程

安全是仓储管理的核心要素。不安全的仓储管理容易导致储存物品的丢失、被盗、仓管人员的受伤以及火灾隐患的产生。因此，各级仓管人员应当在日常工作中，按照相关流程做好安全管理工作。

第八章 仓库5S管理流程

积极开展5S活动，能够迅速改善仓库的环境，使仓库干净、整洁，既使员工感觉舒适，又有利于仓库日常工作的顺利开展。5S活动涉及多项工作，每项工作都应当按照相关流程进行，只有按流程进行，才能确保5S活动有条不紊。例如在整理工作中，要做好现场检查，然后区分必需品和非必需品，对非必须进行处理，最后还要进行循环整理，以确保5S的质量。

第四部分　怎样进行物流与仓储专项管理

专项管理主要由专项制度管理、专项表格管理两大部分构成。其中，专项制度则列举了专用的各项仓库管理制度，为仓储工作的顺利开展提供了良好的制度保障。而专项表格则列举了仓储工作中最常用的一些表格，便于在工作中使用。

第一章　仓储规划专项管理

仓储规划做得好，对日常仓储工作的顺利开展具有非常重要的意义，例如规划好仓区，使仓区有明确的标示牌，就可以在日常工作中避免进入错误的仓区。因此，仓库应做好规划工作，为日常仓储工作提供保障。

第二章　物品入库专项管理

物品入库是仓库现场管理的一项重要工作，主要包括物料入库管理和半成品、成品入库管理两个方面。良好的入库管理能够保证物料、半成品、成品等有序入库，为下一步的生产工作提供支持。

第三章 物品出库专项管理

物品出库管理主要包括物料出库、半成品出库、成品出库等，各级仓管人员必须严格做好各类物品出库的管理工作，确保出库工作圆满完成。

第四章 物品搬运专项管理

仓库现场经常搬运物料、成品、半成品，因此仓管经理必须加强对仓库现场的搬运管理，防止出现事故。

第五章　日常储存管理

大部分物料、半成品、成品等都要储存在仓库中，因此，仓管各级人员都要做好日常储存工作，确保储存品质，避免储存不当带来损失。

第六章　日常库存控制

库存控制是仓储管理的一个非常重要的内容，规范的库存控制能减少大量资金占用，提高资金周转率与利用率，同时也能减少对仓库储存区域的占用。

第七章　仓储物流专项管理

企业生产的产品需要外运给客户，这就离不开物流管理。良好的仓储物流管理有助于企业产品的快速发出，提高运营效率，从而获得更多收入。

第八章　仓库安全专项管理

仓库的正常运转离不开安全的储存环境和安全的工作方式，各级仓管人员都要按照企业在安全管理方面的要求开展工作，避免安全事故的发生。

第九章　仓库5S专项管理

仓库应积极开展5S管理活动，通过5S管理，使仓库保持整齐有序、干净清洁，为储存工作创造一个良好的环境。

第一部分

怎样避免物流与仓储管理的不规范

仓库是企业各类产品的储存中心，规范的仓储管理可以提高企业的各类物料、半成品、成品的储存品质，节省更多成本，以为企业获得更多经营收入。

第一章　仓储规划管理七项要求

仓储规划是指在进行仓储活动之前，对于仓库选址、仓库总平面布置、仓区规划等进行决策及设计，为后续的仓储工作做好充分的准备工作。开展仓储规划工作必须非常仔细、认真，具体规划工作需要满足一些基本要求，避免出现差错。因为一旦仓储规划出现问题，很容易对仓库的正常运转造成重大影响。

要求01：仓库选址应满足哪些要求

仓库选址是指选定仓库的位置，以便开展仓储工作。每个企业仓库选址取决于各企业的实际情况。此外，选址还应达到一些基本要求，具体如下：

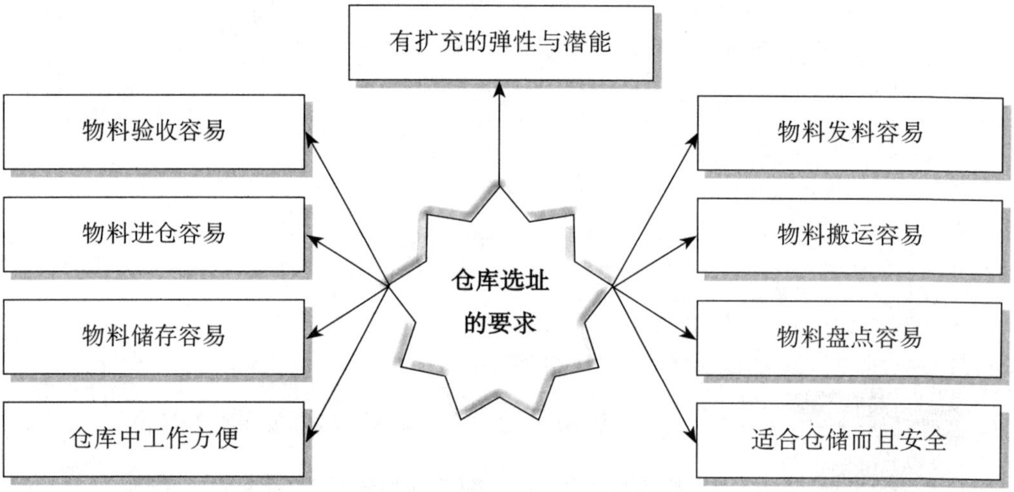

物料仓库选址的要求

要求02：仓库总平面布置应满足哪些要求

仓库总平面布置是指对仓库的各个组成部分，如库房、货棚、货场、辅助建筑物、库内道路、附属固定设备等，在规定的范围内进行平面和立体的全面合理安排。仓库总平面布置应达到以下要求，具体如下图所示。

适应仓储的作业流程	库房、货棚、货场等储放场所的数量和比例要与储存物料的数量和保管要求相适应，要保证库内物料流动方向合理、运输距离最短、作业环节和次数最少、仓库面积利用率最高，并能做到运输通畅，方便保管。
有利于提高仓库的经济效率	总体布置时要考虑地形、工程地质条件等，因地制宜，使之既能满足物料运输和存放的要求，又能避免或减少工程量。
与竖向布置相适应	平面布置应该与竖向布置相适应，既满足仓储作业上的要求，又要充分利用原有地形。
有利于设备的使用	总平面布置应能充分合理地利用库内的一些固定设备，以充分发挥设备的效能，合理利用空间。
符合安全、卫生要求	库内各区域间、各建筑物间应该留有一定的防火间距，同时要设有各种防火、防盗等安全保护设施。此外，库内布置要符合卫生要求，考虑通风、照明等情况。

仓库总平面布置的要求

要求03：规划仓区有哪些要求

仓区也叫货仓区位，是指仓库中物品储存的区域。对仓区进行合理的规划，使之排列系统化、规范化，可以提高仓库的使用效率、加快仓储作业速度，并有助于存储物品的安全保存。仓区的规划应满足以下要求，具体要求如下图所示。

要求一	仓区要与生产现场靠近，通道顺畅。
要求二	每仓要有相应的进仓门和出仓门，并有明确的标牌。
要求三	货仓的办公室尽可能地设置在仓区附近，并有仓名标牌。
要求四	测定安全存量、理想最低存量或定额存量，并有标牌。

要求五	按储存仓的规格、楼面载重承受能力和叠放的限制高度，将仓区划分成若干仓位，并用油漆或美纹胶在地面标明仓位名、通道和通道走向。
要求六	仓区内要留有必要的废次品存放区、物料暂存区、待验区、发货区等。
要求七	仓区设计，须将安全因素考虑在内，须明确规定消防器材所在位置、消防通道和消防门的位置、救生措施等。
要求八	货位布置应明显，可用油漆画线固定，堆放物品时以漆线为界。
要求九	每仓的进仓门处，须张贴货仓平面图，反映该仓所在的地理位置、周边环境、仓区仓位、仓门各类通道、门、窗、电梯等内容。

仓区规划的要求

要求04：库房设置有哪些要求

库房是储存各类物品的主要场所。分为物料库房、成品库房、工具库房等。库房的设置应满足以下要求，具体如下图所示。

要求一	满足物资保管的要求：有良好的温度、湿度控制方案等。
要求二	满足仓库作业的要求：有方便的货物升降、搬运、运输设备等。
要求三	满足防火安全的要求：配备有足够的灭火器材，并放在合适的位置。

库房设置的要求

要求05：收料区域设置应达到哪些要求

仓库要设置特定的收料区暂放所进的物料，等待检验及入库，不得随意放置。设置收料区域应达到以下要求，具体如下图所示。

要求一：设置进料待验区：仓库收料人员收到物料后，将物料放置在此区域，而且不同的物料要分开摆放，不得混合放在一起。

要求二：设置进料合格区：经由品质部门检验合格的物料，放置在此区域，等待仓库收料人员入库。

要求三：设置进料验退区：品管检验不合格的物料或和生产管理部门所提供资料不符合要求的物料，放置在此区域，等待供应厂商处理。

收料区域设置的要求

要求06：货位编号有哪些要求

货位编号如同物品在库的“住址”。根据不同库房条件、物品类别和批量整零的情况，应做好货位画线及编排序号，以符合“标志明显易找、编排循规有序”的要求，具体要求如下图所示。

要求一：唯一：这是指库存所有物品都有自己唯一的编号，号码不能互相重复。

要求二：系列化：编号要按物品分类的顺序分段编排；物品的编号不是库存所有物品的一般顺序号，而是运用分类的分段顺序号；编号的分段序列符合物品分类目录的分段序列。

要求三：讲究实用性：编号应尽量简短，便于记忆和使用方便。

要求四：必须有通用性：编号要考虑各方面的需要，使物品的编号既是货位编号，又是储备定额的物品编号，也是材料账的账号，还可以是计算机的物品代号。

货位编号的要求

要求07：货位布置有哪些要求

货位是仓库中各类物品储存的具体位置。货位布置是将货垛或者货架进行合理有效的布局，为存放物品提供良好的支持。货位布置的具体要求如下图所示。

要求一	物料入库后，应将物料所在货位的编号及时登记在保管账、卡的“货位号”栏中，并输入电脑。货位输入的正确与否，直接决定出库货物的准确性，应认真操作，避免出现差错。
要求二	当物料所在的货位变动时，账、卡的货位号也应进行调整，做到“见账知物”和“见物知账”。
要求三	为了提高货位利用率，同一货位可以存放不同规格的物料，但必须采用具有明显区别的标志，以免造成差错。
要求四	走道、支道不宜经常变动，否则不仅会打乱原来的货位编号，而且要调整库房照明设备。

货位布置的要求

第二章　物品入库管理八项注意

物品入库主要包含物料入库与成品入库两大部分，前者是指仓库将采购部门采购的物料验收入库，后者则是指将生产部门生产完工的成品验收入库。物品入库管理需要注意一些基本事项。通过这些事项，避免出现不必要的差错，从而保证入库工作的顺利完成。

注意01：物料数量验收应注意做好哪些工作

企业采购的物料进入仓库时，物料数量检验一般是由仓管人员进行。仓管人员在进行数量验收时应注意以下问题，具体如下图所示。

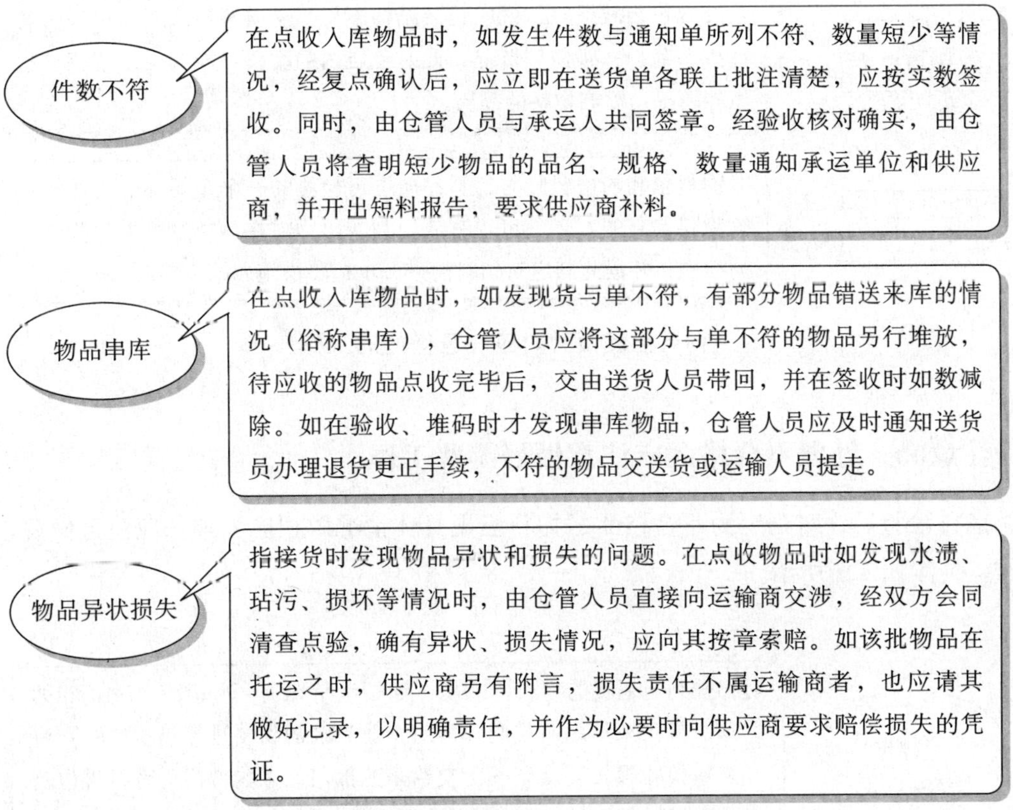

物料数量验收应注意的问题

注意02：物料包装检验应注意做好哪些工作

物料包装检验是验收物料的首要工作。通过对包装的检验，能够发现在储存、运输物料过程中可能发生的意外，并据此推断出物料的受损情况。仓库验收人员处理物料包装检验时，应注意做好以下工作，具体如下图所示。

工作一	当发现包装上有人为挖洞、开缝的现象时，说明物料在运输过程中有被盗窃的可能，此时要对物料的数量进行仔细核对。
工作二	当发现包装上有水渍、潮湿时，表明物料在运输的过程中有被雨淋、水浸或物料本身出现潮解、渗漏的现象，此时要对物料进行开箱检验。
工作三	当发现包装有被污染的痕迹，说明可能由于配装不当，引起了物料的泄漏，并导致物料之间相互玷污，此时要将物料送交品质检验部门检验，以确定物料的品质是否产生了变化。
工作四	当发现包装破损时，说明包装结构不良、材质不当或装卸过程中有乱摔、乱扔、碰撞等情况，此时包装内的物料可能会出现磕碰、挤压等情况，影响物料的品质。
工作五	对物料包装的检验是对物料品质进行检验的一个重要环节。通过观察物料包装的好坏，可以有效地判断出物料在运送过程中可能出现的损伤，并据此制定对物料的进一步检验措施。

物料包装检验时应注意做好的工作

注意03：处理不合格品应注意做好哪些工作

来料检验后，对判定为不合格品的物料应视具体情况做相应处理，应注意做好以下工作，具体如下图所示。

不合格退货	对于被判定退货的物料，IQC（英文Incoming Quality Control的缩写，是指来料品质控制，即对企业采购的物料进行品质检验）将“来料检验报告”复印一份交给采购部门，采购部门再将报告传真至供应商和服务商，并通知其在限定的时间内取回退货。

让步接受：被判让步接受的来料，因其来料在不影响产品品质或急用料时，必须由品质部经理签名确认后方可投入生产，并填写“物料评审表”。

不合格进料选用：被判不合格的来料，考虑到急用料时，由品质部经理作决定，是否可安排供应商或者加工商人员来筛选，将筛选不合格的退还给供应商。如有特急用的进料需要内部人员筛选的，必须先通知供应商，并扣供应商筛选工时费及其他费用，且在“物料评审表”上注明清楚。

降级使用：被判定不合格的来料，不合格现象属于影响生产使用的和产品品质的批量性问题，必须经工艺部试生产或品质部确认，并经品质部经理作认可签名，且在“物料评审表”上注明清楚。

处理不合格品应注意做好的工作

注意04：物料特采应注意做好哪些工作

特采是指采购的物料送到企业后经检验不合格，但生产线又急用而予以验收的工作。开展物料特采应注意做好以下工作，具体如下图所示。

工作一：应在来料检验程序中对特采作出规定，明确特采情况的审批人、责任人，规定作出可追溯性标志的方法，明确识别记录的内容、如何传递、由谁保存。

工作二：特采所使用的全部品质记录，应按规定认真填写，在保存期内不得丢失和擅自销毁。

工作三：当供应商的产品进厂后，根据情况对需要特采的产品，由责任部门（一般为采购部或生产计划科）的责任人提出申请，报经授权人审批。

工作四：对特采的物料作出可追溯性标志，同时做好识别记录，记录中应详细记载特采产品的规格、数量、时间、地点、标志方法和供应商的名称及所提供的证据。

工作五 → 在特采的同时，应留取规定数量的样品进行检验，且检验报告必须尽快完成。

工作六 → 应设置适当的特采的停止点，对于流转到停止点上的特采产品，在接到证明该批物料合格的检验报告后，才能将物料放行。

物料特采应注意做好的工作

注意05：成品入库检验应注意做好哪些工作

判定合格或特采的产品，由生产部送往仓库办理入库手续。仓库接收时要做好以下工作，具体如下图所示。

工作一 → 接收到成品仓的产品必须是经过检验合格并贴有“QC PASSED”（检验通过）标记的合格产品。

工作二 → 确认入库单填写完整、内容正确。

工作三 → 确认入库的实物与入库单的内容相一致。

工作四 → 确认入库的产品包装状态完好。

工作五 → 按规定的方式把已经确认的产品摆放好，并入账，记入相关单据中。

成品入库检验应注意做好的工作

注意06：设置保管卡应注意做好哪些工作

保管卡是记录仓库中每种物品信息的卡片，相当于物品的“身份证”。保管卡一般附着于物品表面或粘贴在其储存箱外。仓管人员在为仓库中各类物品设置保管卡时，应注意做好以下工作，具体如下图所示。

选择恰当的放置位置：在放置保管卡时，悬挂位置要明显、牢固，并便于随时填写，一般悬挂在上架物品的下方或放在物品堆垛上。

及时更新内容：在使用保管卡时，仓管人员要根据作业的内容，及时更新保管卡上的内容。当新物品入库时，要为其设置专门的保管卡；当物品入库、出库、盘点后，要立即在卡上的相关位置填写具体信息；当某物品清库后，要将保管卡收回，并放置于该物品的档案中。

设置保管卡应注意做好的工作

注意07：管理物品档案应注意做好哪些工作

物品档案是指记录仓库中各类物品入库、储存、出库的文件资料。仓管人员必须做好物品档案的管理工作，以便随时了解物品的去向，且有利于对其进行盘点。管理物品档案应注意做好以下工作，具体如下图所示。

对档案统一编号：为了防止档案的丢失，并方便查阅，保管时应将物品档案进行统一编号。

确定资料的保管期：为了加强对档案中资料的保管，仓管人员要根据实际情况确定资料的保管期限。其中有些资料，如库区气候资料、物品储存保管的试验资料，应长期保留。

及时更新资料：如果不及时更新资料，很容易导致资料陈旧，从而影响企业正确了解物品的准确情况。

管理物品档案应注意做好的工作

注意08：仓库在开展物料退换时应注意做好哪些工作

物料的退换作业是指物料在检验的过程中出现了品质问题，或需用部门在使用已领的物料时，遇到品质异常、用料变更或有溢余时，而将已办理发放手续的物料退回给仓库的业务活动。仓库在开展物料退换时一定要注意以下事项，具体如下图所示。

保持物料的完整性：对于退回的物料，仓管人员应尽量保持其完整无损。

进行认真检查

仓库在接收退货时，应认真检查，经过维护保养后，再存入仓库。凡残损的，应收入“第一料库”，价款由原单位或供应商负责；无使用价值的，应视为废品处理。

仓库在开展物料退换时应注意做好的工作

第三章　物品搬运管理九项避免

搬运是指将物品从一处转移到另一处。搬运是仓库日常工作的重要内容，搬运工作需要防范一些基本的差错，例如选择错误的搬运方法，出现无效搬运等，避免损坏物品，给企业造成损失。

避免01：怎样避免选择错误的搬运方法

好的搬运方法能够提高搬运效率，减少搬运差错。选择好的搬运方法主要应考虑以下因素，具体如下图所示。

因素一	人员方面：指搬运人员状况，包括人员的数量、专业程度、经验技能、组织形式和用工方式等。
因素二	工具方面：指搬运设备状况，包括设备的功能、运能、数量、完好程度等。
因素三	物料方面：指被搬运物品的特性，也就是它的物理性、化学性、工艺性、精密性等，如形态、体积、性质、重量、贵重程度、精细程度、包装条件和防护性等。
因素四	方法方面：指要求的搬运作业量，如搬运数量、行程、时间、成本等。
因素五	环境方面：指作业环境，如气候条件、白天或夜间、地形状况等。

选择好的搬运方法应主要考虑的因素

避免02：怎样避免无效搬运

无效搬运是指不产生实际效果的搬运。要避免无效搬运，需做好以下工作，具体如下图所示。

工作一	搬运结果要到位，最好是一次到位，做好、做彻底，不要有再次搬运。
工作二	摆放方式要适当，比如，物品的摆放位置、方向等，不要返工。
工作三	放置环境要适当，比如，放置区域、周围的环境，要尽可能减少暂时存放的现象。
工作四	杜绝或减少搬运损失，包括丢失、打破、变形、泄漏、挥发、挤压等因素导致的各种损耗。
工作五	节省搬运成本，选择使用合理的搬运方式，可以选择机械化、自动化、人工等多种搬运方式，但前提是用最低的综合投入实现最大的搬运量。
工作六	消除危险因素，在搬运过程中安全使用搬运器具，不要顾此失彼，不要制造危及人身安全的隐患。

避免无效搬运需做好的工作

避免03：怎样避免搬运活载度降低

活载度也称作活载程度，是指物品被移动的难易程度。比如，放在货架上的物品就比堆放的物品容易搬运，则前者的活载度就大些；放在托盘上的物品比放在传送带上更难搬运，则前者的活载度就小些。在实际工作中，为了便于搬运作业，应尽可能地提高存放物品的搬运活载度或避免搬运活载度降低。避免搬运活载度降低可以采取下列方法，具体如下图所示。

方法一	采用自动包装、送料。
方法二	采用传输带送料。
方法三	将箱子存放于标准尺寸的托盘上。
方法四	将散料装箱。

方法五：多采用专用的物品装载器具。

方法六：设计合理的物品装载器皿，并正确使用。

方法七：在物流的系统内及时贯彻程序或制度。

方法八：提高作业的机械化和自动化水平。

避免搬运活载度降低的方法

避免04：怎样避免易爆品搬运危险

易爆品是指容易引起爆炸的物品，如雷管、炸药、导火索、鞭炮、烟花等。避免易爆品搬运危险应采取以下措施，具体如下图所示。

措施一：装卸车时详细检查车辆，车箱各部分必须完整、干净和干燥，不能残留酸、碱等油脂类物品和其他异物。

措施二：作业前检查危险品的包装是否完整、坚固，使用的工具是否合适、良好。

措施三：要求现场作业的人员禁止携带烟火器具，禁止穿有铁钉的鞋。

措施四：搬运交接物品时要手对手、肩靠肩，交接牢靠。

措施五：装卸时散落的粉状、粒状爆炸物要及时用水湿润，再用木糠或棉絮等物品将其吸收，并将吸收物妥善处理。

避免易爆品搬运危险的措施

避免05：怎样避免氧化剂搬运危险

氧化剂是指处于高氧化态，具有强氧化性、易分解并放出氧和热量的物质。氧化剂按照化学组成分为无机氧化剂和有机氧化剂。又可按照氧化反应所要求的介质分为以下3类：

（1）酸性介质氧化剂（过氧化氢、过氧乙酸、硝酸、高锰酸钾、过硫酸铵）。

（2）碱性介质氧化剂（次氯酸钠、过碳酸钠、过硼酸钠、过硼酸钾）。

（3）中性氧化剂（溴、碘）。

氧化剂具有强烈的氧化性能，在搬运过程中遇易自燃物品或还原剂时能将其氧化，引起燃烧。氧化剂遇热、受撞击、摩擦时，迅速发生分解，产生大量的气体和热量，容易引起爆炸，它与粉状可燃物混合后，可以形成爆炸性混合物。

避免氧化剂搬运危险应采取以下措施，具体如下图所示。

措施一 → 装车时车内应清扫干净，不得残留酸类、煤炭、面粉、硫化物、磷化物等。

措施二 → 装卸车前应将车门打开，并彻底通风。

措施三 → 散落在车箱或地面上的粉状、颗粒状氧化物，应撒上沙土后，再清理干净。

避免氧化剂搬运危险应采取的措施

避免06：怎样避免压缩气体和液化气体的搬运危险

压缩气体是指在−50℃下加压时完全是气态的气体，如氨、氯、液化石油气等。液化气体是指在运输过程中由于温度低而部分呈液态的气体(临界温度一般低于或者等于−50℃)，如液氧、液氮、液氩。

压缩气体和液化气体对储存容器的压强很大。在搬运过程中，遇到高温、撞击的情况下容易引起爆炸。

避免压缩气体和液化气体搬运产生危险的措施，具体如下图所示。

措施一 → 使用专用的搬运器具，禁止肩扛或滚动。

措施二 → 搬运器具、车辆、手套、防护服上不得沾有油污或其他危险物品，以防引起爆炸。

措施三 → 钢瓶应平卧堆放，垛高不得超过四个，禁止日光直射暴晒。

避免压缩气体和液化气体的搬运产生危险的措施

避免07：怎样避免自燃、易燃品的搬运危险

自燃、易燃品是指燃点低，在空气中易发生物理、化学或生物反应，放出热量，而自行燃烧或容易燃烧的物品，如白磷、煤、堆积的浸油物、电石等。避免自燃、易燃品搬运产生危险的措施，具体如下图所示。

措施一	作业时开门通风，避免可燃气体聚集。
措施二	对于桶装液体、电石物料，若发现容器膨胀时，应使用铜质或木质的扳手轻轻打开排气孔放出膨胀气体后方可作业。
措施三	雨雪天气，如防雨设备不良时禁止搬运遇水易燃的物品。
措施四	对装运易挥发的液体，开盖前要慢慢松开螺栓，并停留几分钟后再开启。装卸完毕，应将阀门和螺栓拧紧。

避免自燃、易燃品搬运产生危险的措施

避免08：怎样避免剧毒品的搬运危险

剧毒品也称剧毒化学品，是指具有剧烈毒性危害的化学品，包括人工合成的化学品及其混合物（含农药）和天然毒素，例如氰化钠、氰化钾等各类氰化物。避免剧毒品的搬运危险可以采取以下措施，具体如下图所示。

措施一	装卸车前打开车门、窗户通风。
措施二	作业时应穿好防护用具，作业后及时沐浴。
措施三	对使用过的防护用具、工具等，最好集中洗涤并消毒。
措施四	患有慢性疾病的人员不能参加此项作业。
措施五	搬运人员的工作时间不宜过长，最好间隔休息，作业中如发现有头晕、恶心等现象时要立即停止作业，并及时处理。

避免剧毒品的搬运危险应采取的措施

避免09：怎样避免放射性物品的搬运危险

具有放射性的物品，称为放射性物品，如工农业、医疗、科研、地质等部门使用的钴−60、铯−137和铍钋中子源等；放射性化工制品（如夜光粉、硝酸钍等）；放射性废物、放射性药品、放射性同位素等。

放射性物品具有非常大的危险性，能自发、不断地放出人们感觉器官不能觉察到的射线。放射性物质放出的射线可分为四种：α射线，也叫甲种射线；β射线，也叫乙种射线；γ射线，也叫丙种射线；还有中子流。但是各种放射性物品放出的射线种类和强度不尽一致。β、γ射线和中子流对人的危害很大，达到一定剂量时就使人患放射病，甚至死亡。

因此，在搬运放射性物品时要避免各类危险情况的发生。

避免放射性物品的搬运危险可采取以下措施，具体如下图所示。

措施一	由有经验和技能的人员在作业前进行检查和鉴定，以确认是否可以搬运，并指定装卸方法和搬运时间。
措施二	作业前做好防护，精力集中。
措施三	作业后应立即将防护用品交回专门的保管场所，作业后沐浴并更衣。
措施四	人员沐浴、防护用品的洗涤等必须在专门地点实施。

避免放射性物品的搬运危险应采取的措施

第四章　日常储存管理七项掌握

日常储存管理是指对仓库中所储存的各类物料、半成品、成品的日常保管工作。储存管理关系着各类在库物品的品质。良好的储存工作有助于物品的保管，若日常储存工作做得不好，则会损害物品的品质，给企业造成损失。因此，在进行储存管理时要掌握一些基本要领，如在保管高危物品时，可以建立单独的库房予以储存。

掌握01：保管高危物品应掌握哪些要领

高危物品主要是指如炸药、汽油、天那水等，保管这类物品应掌握以下要领，具体如下图所示。

要领一	针对存放物品的特性要求，建造适宜的库房，建造完成后需要得到相关专家的认可。
要领二	制定专用库房管理细则。
要领三	培训仓管人员对制度的认识，以及对物品的保管方法和安全要求的了解。
要领四	按规定保管存放的高危物品。
要领五	加强高危物品对环境要求的监控。
要领六	仓管人员要随时检查高危物品的状态。
要领七	仓管经理要定时监督并确认。

保管高危物品的要领

掌握02：保管低危物品应掌握哪些要领

低危物品是指相对于高危物品来说危险性较低的物品。仓库中储存的低危物品往往较多。保管低危物品时应掌握以下要领，具体如下图所示。

要领一	划分好需要隔离的区域。
要领二	设置必要的栅栏等隔离器具。
要领三	标示并指示隔离区域。
要领四	按规定保管好存放的隔离物品。
要领五	加强监视被隔离物品的存放状态。

保管低危物品的要领

掌握03：保管易损物品时应掌握哪些要领

易损物品是指那些在搬运、存放、装卸过程中容易发生损坏的物品，如玻璃、陶瓷制品、精密仪表等。保管这类物品时应掌握以下要领，具体如下图所示。

要领一	尽可能在原包装状态下实施搬运和装卸作业。
要领二	不使用带有滚轮的贮物架。
要领三	利用平板车搬运时，要对码层做适当捆绑。
要领四	一般情况下不允许使用吊车作业，严禁滑动方式搬运。
要领五	严格限制摆放的高度。
要领六	必须轻拿轻放。

要领七	不与其他物品混放。
要领八	明确标示其易损的特性。

保管易损物品的要领

掌握04：保管敏感物品应掌握哪些要领

敏感物品是指那些物品本身具有敏感的特性，若控制失误就有可能导致失效或产生事故。如磷可在空气中自燃，色板怕日晒风化等。保管这类物品应掌握以下要领，具体如下图所示。

要领一	接收时认真阅读并执行原制造商的保管要求。
要领二	了解和掌握该类物品的特性，实施对口管理。
要领三	必要时，要设置专项保管。
要领四	必须在原包装状态下搬运、保管和装卸。
要领五	设置必要的敏感特性监视器，以有效消除不合适的环境因素。

保管敏感物品的要领

掌握05：保管可疑物品应掌握哪些要领

可疑物品是指那些性质、状态、规格、型号和名称等不明了，或缺乏证据的物品。保管可疑物品要掌握以下要领，具体如下图所示。

要领一	对生产过程中被混乱、乱放、生产人员不能识别其规格或品质好与坏的可疑物品要单独放置，仔细查找其规格型号，仔细核对。

要领二	物品的标志或状态遭到损坏，作业人员不能确定其性质和状态的可疑物品应联系生产或研发部门进行辨别，确认其是否能够使用。
要领三	对工作或使用中发现可疑因素，致使人们对物品的原标志或状态产生怀疑、不相信等情况下所关联的可疑物品要核对其生产工序，如果工序出现错误，则应对该产品进行检测，以确认其品质。

保管可疑物品的要领

掌握06：保管长期库存物品应掌握哪些要领

长期库存物品是指未能被及时使用，而长期储存在仓库中的物品。例如物料因采购过多而导致无法被完全用于生产，不得不长期储存。物品长期库存是不合理的，仓库应尽量减少这类物品或及早采取措施消除。仓管人员保管长期库存物品时应掌握以下要领，具体如下图所示。

要领一	指定专门存放区域予以隔离。
要领二	定期检查专门存放区域的存放环境。
要领三	定期检查存放物品的包装状态和完好度。
要领四	定期向上级通报被存物的状况。
要领五	如物品要出货或使用时，应提前通知品质部重新进行检验。
要领六	如物品有变质或不宜继续存放时，要及时上报处理。
要领七	存放物品的账目要清楚。

保管长期库存物品的要领

掌握07：保管客户检验退货品应掌握哪些要领

客户检验退货品是指被客户整批退回的未经使用的产品。这类退货产品一般是因客户或其他机构在检验中发现了某些问题而引起的。保管这些物品时应掌握以下要领，具体如下图所示。

- 要领一 → 按“退货单”接纳退货品，清点数量，确认物品状态。
- 要领二 → 按相关规定将退货品安置在不合格品区，并做好标志。
- 要领三 → 通知品质部进行检验。
- 要领四 → 通知工程技术部分析检验结果，并执行处理措施。
- 要领五 → 由生产管理部安排返工计划，生产部按计划实施返工，返工后品质部再检验。
- 要领六 → 品质部检验合格后再入库管理，等待再次出货。

保管客户检验退货品的要领

第五章　日常库存管理八项加强

库存控制是对企业的各类物料、半成品、成品等的库存进行管理和控制，使其数目保持在合理的水平上。日常库存控制关系着企业的运营效率。因此，必须加强对库存的控制工作，避免库存过高或过低，影响企业的正常生产秩序。

加强01：怎样加强库存决策控制

库存决策控制是指对是否需要增加库存，即开展订货工作进行决策，库存决策控制的目的在于确保足够的库存，满足生产所需。加强库存决策控制的主要措施，具体如下图所示。

- 措施一 → 确定相邻两次订货的间隔时间。
- 措施二 → 确定每次订货的订货数量。
- 措施三 → 确定每次订货的提前期。
- 措施四 → 确定库存满足需求的服务率。

加强库存决策控制的措施

加强02：怎样加强A类物料库存的控制

ABC分析法又称帕累托分析法或帕雷托分析法、柏拉图分析法等，也叫主次因素分析法，是物料管理中常用的一种方法。ABC分析法将全部库存物料分为A、B、C三类，A类物料项数约为10%，所占资金约为70%；C类物料项数约为70%，所占资金约为10%；其余为B类物料，其项数与所占资金均为20%。

根据ABC物料分析法，A类物料在物料管理中所占金额最高。因此，A类物料的库存需要企业重点控制，具体措施如下图所示。

措施一：按照生产计划，尽可能降低订购量，减少库存量，如采用定期定货法（即在规定的日期内订货的方法）进行控制。

措施二：对A类物料的每次采购要有一套完整的记录，一定要在有需求或订货时，才加以订购，并且要充分利用好购备时间和前置时间，使交货及时，不影响生产计划，也不过早进厂。

措施三：应尽量降低库存，避免把大量的资金积压在仓库。仓库可以设置A类物料库存警戒线，一旦发现库存超过警戒线就应及时通知采购部停止采购。

控制A类物料库存的措施

加强03：怎样加强B类和C类物料库存的控制

B类物料和C类物料价值小于A类物料，但数量远大于A类物料，企业可以通过以下措施来控制它们的库存，具体如下图所示。

措施一：B类物料可以不必像A类物料一样跟单订货，对购备时间控制非常严；也不能像C类物料那样一次性大批量采购；可用选择补充库存制度进行控制，采取设置安全存量的方式，到了订购点时以经济采购量加以采购即可。

措施二：C类物料价值小、数量大，可以采用批量采购的方式，因此直接利用MRP（Material Requirement Planning的缩写，即物料需求计划）系统进行采购。对其库存的控制重点就在于维护MRP系统正常运转，避免出现差错。

控制B类和C类物料库存的措施

加强04：怎样加强半成品库存的控制

半成品是指经过一定生产过程并已检验合格交付仓库保管，但尚未制造完工成为产成品，仍需进一步加工的中间产品。半成品也是企业的重要财产，企业控制半成品库存应采取以下措施，具体如下图所示。

措施一	对每类半成品制订出其标准库存水准。
措施二	编订制程，并算出每种半成品每星期的预期库存水准。
措施三	比较预期库存水准与标准库存水准，若前者合理地接近后者，则接受此制程。
措施四	根据每星期预期库存水准及标准库存水准，编制半成品库存趋势图，并由生产部门与仓库每星期具报实际库存状况，再与预期库存水准比较，若有显著差异，立刻找出原因，并采取改正措施。

加强半成品库存控制的措施

加强05：怎样加强成品库存的控制

成品是指已完成全部生产过程，经检验合格并已包装入库的产品，或虽未入库，但已办理入库手续的产品。成品是企业用于销售的产品，成品库存过多会占用过多资金，因此可以通过以下措施控制成品库存，具体如下图所示。

措施一	由销售部门依据销售预测表提出成品运交计划表，详列三个月内的每星期产品运交类别及数量。
措施二	盘点成品仓库，制定正确的成品库存状况报表。
措施三	根据成品清点资料及成品运交计划表，找出库存过高项目，由销售部门与生产管理部门找出其原因，并提出立即降低成品库存的具体建议，以期迅速降低成品库存。
措施四	按照修正的成品运交计划表与年度销售预测表，由生产管理部门重新拟订生产计划表。
措施五	按照修正过的成品运交计划表及产出计划表算出每星期每项产品的库存状况。
措施六	由高层主管、销售与生产管理部门共同审核成品库存预期水准，经由各部门及高层主管认可后，则由生产管理部门绘制成品库存趋势图。

措施七	每星期由生产管理部门具报实际产出、运交及库存状况，并与预期数字比较，若有显著差异，立即找出原因，并采取改正措施。

加强成品库存控制的措施

加强06：怎样加强MRP库存控制

MRP是物料需求计划，这种方法是由美国著名生产管理和计算机应用专家欧·威特（Oliver W.Wight）和乔·伯劳士（George W.Plosh）在对多家企业进行研究后提出来的。MRP被看做是以计算机为基础的生产计划与库存控制系统。加强MRP库存控制的措施，具体如下图所示。

措施一	根据市场预测和客户订单，正确编制可靠的生产计划和生产作业计划，在计划中规定生产的品种、规格、数量和交货日期。同时，生产计划必须是同现有生产能力相适应的计划。
措施二	正确编制产品结构图和各种物料的用料明细表。
措施三	正确掌握各种物料的实际库存量。
措施四	正确规定各种物料的采购交货日期，以及订货周期和订购批量。
措施五	通过MRP逻辑运算确定各种物料的总需求量以及实际需求量。
措施六	向采购部门发出采购通知单或向本企业生产车间发出生产指令。

加强MRP库存控制的措施

加强07：怎样加强对物料入库过早的控制

物料入库过早可能会影响付款周期资金流转，增加了企业的储存量，同时也增加了企业的管理成本。企业加强入库过早的控制应采取以下措施，具体如下图所示。

措施一	企业要尽量控制交货时间，避免入库过早。

措施二：制定明确的入库管理制度，凡是过早送到仓库的物料一律不准入库。

措施三：加强企业订货管理，并做好与供应商的沟通工作，确保准时送货，而不是过早送货。

措施四：加强对仓库物料的检查，凡是发现过早入库的物料应查出原因，追究其相关人员责任，并进行调整。

加强对物料入库过早的控制措施

加强08：怎样加强对入库定量的控制

当某种物料上升到最高存量的时候，便拒绝物料入库。这种限制物料的存量超过最高存量的做法被称之为物料入库定量控制。为加强入库定量控制应采取以下措施，具体如下图所示。

措施一：与采购部门做好沟通，为每种物料确定最合适的最高存量。

措施二：加强对物料存量的检查，一旦发现其存量超出最高存量，应当查出原因，追究相关人员责任，并进行调整。

措施三：每次入库验收都必须清点准确，不能有多收的情况发生，以避免入库过多。

加强对入库定量的控制措施

第六章　物品出库管理九项要求

物品出库主要包含两大部分，即物料出库和成品出库。物料出库一般是指领料和发料导致的物料离开仓库，而成品出库则是指企业向客户发货而使成品离开仓库。无论是物料出库还是成品出库，都需要满足一些基本要求，才能保障工作顺利进行，例如在物料发放时，要遵守规定程序、先进先出等。

要求01：物料的发放有哪些要求

物料发放是指仓库根据生产计划要求或领料部门的领料申请，向生产部门发放生产所需物料的行为。物料发放的要求，具体如下图所示。

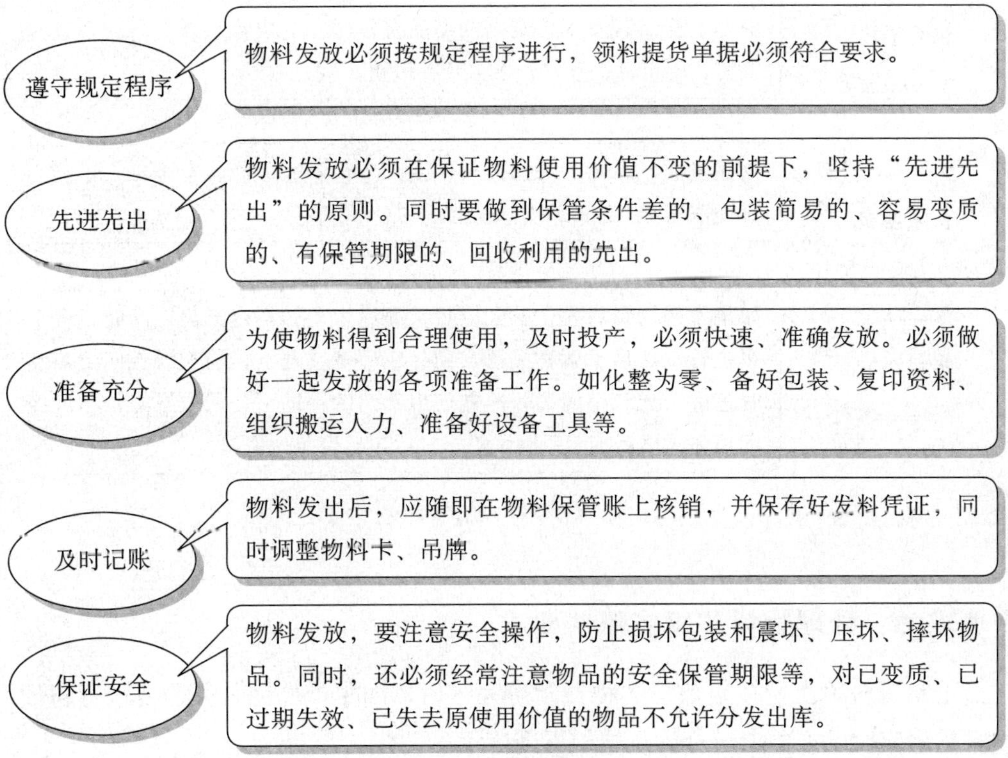

物料发放的要求

要求02：处理发料问题有哪些要求

物料发放可能会产生一些问题，处理发料问题的要求，具体如下图所示。

无单领料：无单领料是指没有正式领料凭证而要求领料，如以“白条”或电话领料，遇到这种情况，不能发料。

凭证问题：发料前验单时，若发现领料凭证有问题，如抬头、印鉴不符，有涂改痕迹，超过了领料有效期，应立即与需用部门联系，并向上级主管反映。备料后复核时发现凭证有问题，应立即停止发料作业。

单料不符：发料之前验单时，若发现提料凭证所列物品与仓库储存的物品不符，一般应将凭证退回开单部门，经更正确认后，再行发料。遇到特殊情况，如某种物品马上要断料，需用部门要求先行发货，然后再更改提料凭证时，经上级主管批准后，方可发料。

包装损坏：对物品外包装有破损、脱钉、松绳的，应整修加固，以保证搬运途中的安全。若发现包装内的物品有霉烂、变质等品质问题或数量短缺时，不得以次充好，以盈余补短缺。

料未发完：物品发放，原则上是按提料单当天一次发完，如确有困难，不能当日提取完毕，应办理分批提取手续。

物料错发：如果发现物料错发，首先应将情况尽快通知需用部门，同时报告上级主管，然后了解物品已发到什么环节或地方，能及时追回的应及时追回；无法追回的，应在需用部门的帮助下，采取措施，尽量挽回损失，然后查明原因，防止日后再出现类似情况。

处理发料问题的要求

要求03：处理物料超领有哪些要求

当正常领料单上所核定数量的物料领用完毕后，因生产原因往往需要进行超领，处理物料超领应按以下要求进行，具体如下图所示。

要求一	生产部门如需追加领用物料时，必须由生产部相关人员填具物料超领单方可领料。
要求二	物料超领单要注明超领物料所用的批量，超领物料编号、名称、规格及超领数量、超领率等。
要求三	物料超领单必须填写完整、内容正确。

处理物料超领的要求

要求04：成品的出库有哪些要求

成品出库是仓库根据销售部门开出的成品出库凭证，如提货单、出库单等，按所列项目组织成品发货的一系列工作的总称。成品的出库要求，具体如下图所示。

要求一	从成品仓发出的产品必须是经过OQC（英文Outgoing Quality Control的缩写，是指出货品质控制，即产品出货前，按照供求双方合约或订单议定的标准，实施的出货检验工作）人员检验合格的库存良合格品。
要求二	出库单填写完整、内容正确。
要求三	出库的实物与出库凭证的内容一致。
要求四	出库的产品包装状态完好。
要求五	出库的运送方式符合要求。
要求六	出库的账目记录账簿。

成品出库的要求

要求05：进行成品出库记录有哪些要求

完整的出货记录是完成出货任务的证据，其进行成品出库记录应达到以下要求，具体如下图所示。

要求一	记录之前首先要确认提货单，确认内容主要有：运输公司的名称、运号、车号，出货的产品、型号、订单号、批号、数量，转运地和目的地。确认时要仔细辨别运单的真伪。
要求二	确认装箱的数量和包装状态，主要有：产品的流水号；码垛放置的层数与行数；货与货柜壁之间的间隙；货物受挤压的程度；是否装满或装载的程度。
要求三	还要确认装箱后锁闭状态，主要有：门闩是否拴好；铅封的封闭状态是否良好。
要求四	其他需要确认的内容有：装车的起止时间；必要时，有关运输的保险事务，通关资料的准备情况，相关的经手人、见证人、监督人员姓名等也要记录下来。
要求五	必须要让送货的驾驶员或运输商在该记录上签字。

成品出库记录的要求

要求06：处理出库凭证异常有哪些要求

出库凭证是指由销售部门向仓库发出的成品出库证明文件，如提货单、出库单等。处理出库凭证异常的要求，具体如下图所示。

要求一	凡出库凭证超过提货期限，客户前来提货，必须先办理手续，按规定经相关部门审批后方可发货。任何非正式凭证都不能作为发货凭证。
要求二	凡发现出库凭证有疑点，以及出库凭证发现有假冒、复制和涂改等情况时，应及时与仓库保卫部门以及出具出库单的单位或部门联系，妥善进行处理。
要求三	物品进库未验收，或者出现未进库的出库凭证，一般暂缓发货，并通知客户待货到并验收后再发货，提货期顺延。

要求四 → 如果发现出库凭证规格开错或印鉴不符时，不得调换规格发货，必须通过制票员重新开票方可发货。

要求五 → 如客户因各种原因将出库凭证遗失，客户应及时与仓管和账务联系挂失；如果挂失时货已被提走，仓管不承担责任，但要协助客户找回物品；如果货还没有提走，经仓管和账务查实后，做好挂失登记将原凭证作废，缓期发货。

要求六 → 必须时刻警惕，如再有人持作废凭证要求发货，应立即与保卫部门联系处理。

处理出库凭证异常的要求

要求07：处理提货数与实存数不符的有哪些要求

若出现提货数量与物品实存数不符的情况，一般是实存数小于提货数。处理这种问题应按以下要求进行，具体如下图所示。

要求一 → 如属于入库时记错账，则可以采用“报出报入”方法进行调整。

要求二 → 如属于串发、错发而引起的问题，应由仓库方面负责解决库存数与提货数间的差数。

要求三 → 如属于客户漏记账而多开提货数，应由客户出具新的提货单，重新组织提货和发货。

要求四 → 如果是仓储过程中的损耗，需要考虑该损耗是否在合理的范围内，并与客户协商解决。合理范围内的损耗，应由客户承担；而超过合理范围之外的损耗，则由仓库部门负责赔偿。

处理提货数与实存数不符的要求

要求08：处理串发货和错发货有哪些要求

串发货和错发货主要是指仓管人员由于对物品种类、规格不熟悉，或者由于工作中的疏漏，把错误规格、数量的物品发出库的情况。处理串发货和错发货应按以下要求进行，具体如下图所示。

要求一：如果物品尚未离库，应立即重新发货。

要求二：如果物品已经离开仓库，应及时向主管部门和客户通报串发货和错发货的品名、规格、数量、提货单位等情况，会同客户和运输单位共同协商解决。

要求三：一般在无直接经济损失的情况下，由客户重新按实际发货数冲单（票）解决。

要求四：如果已形成直接经济损失，应按赔偿损失单据冲转调整保管账。

处理串发货和错发货的要求

要求09：处理出库后异常问题有哪些要求

成品出库后可能会发生一些问题，如规格混串、数量不符等。仓管人员应做好对异常问题的处理工作。仓管人员应按以下要求做好处理工作，具体如下图所示。

要求一：在发货出库后，若有客户反映规格混串、数量不符等问题，如确属发货差错，应予纠正、致歉；如不属发货差错，应耐心向客户解释清楚，请客户另行查找。凡属易碎物品，发货后客户要求调换，应以礼相待，婉言谢绝。如果客户要求帮助解决易碎配件，要协助其联系解决。

要求二：凡属客户原因，型号、规格开错，制票员同意退货，应按入库验收程序重新验收入库。如属包装或产品损坏，不予退货，待修好后，按有关入库品质要求重新入库。

要求三：凡属产品的内在品质问题，客户要求退货或换货，应由质检部门出具检查证明、试验记录，经物品主管部门同意，方可退货或换货。

要求四：退货或换货产品必须达到验收入库的标准，否则不能入库。

要求五：物品出库后，发现账实（结存数）不符，是多发或错发的要及时查找追回以减少损失。

处理出库后异常问题的要求

第七章　仓储安全管理八项加强

仓储安全管理是指仓库通过各种安全措施，如加强监控等，确保仓库中各类物品的储存安全。安全管理是仓储工作的重中之重，各级仓管人员都应当采取措施，严格做好仓储安全管理，尤其是对一些贵重金属仓库、剧毒品仓库。

加强01：怎样加强仓库日常安全管理

企业可以通过以下措施来加强仓库日常安全管理，具体如下图所示。

措施一	必须对所有仓储的物品的特性、安全使用和储运、装卸要求进行了解，并要求供销、销售部向供应商提供书面材料。
措施二	严格做好防火、防爆、防毒、防盗的各项安全工作。
措施三	在物品搬运过程中要轻搬轻抬，注意避免碰撞，并对危险化学品做好防范措施。
措施四	对进入仓库的危险化学品，首先要检查该产品是否有《危险化学品安全生产许可证》或《危险化学品经营许可证》。
措施五	对运输工具、车辆和驾驶人员、装卸人员严格管理，未经仓管人员允许不准进入仓库。
措施六	严格执行仓库各项安全管理制度和安全操作规程，确保仓库安全。

加强仓库日常安全管理的措施

加强02：怎样加强仓库安全监控管理

仓库中所储存的物品都是企业的重要资产，因此仓库必须严格做好安全监控工作，防止物品被盗。仓库应采取以下措施来加强安全监控管理，具体如下图所示。

建立仓库安保制度：仓库必须做好安全保卫工作，根据仓库大小设置警卫人员，负责门卫值勤工作，对出入仓库的人员、车辆、商品要进行检查、验证和登记；外来人员、车辆须经相关领导或有关部门批准，并有本库人员陪同方可进入仓库；夜间值班人员要做好巡逻，严防物品被破坏或偷盗。

制定仓库保密规则：对仓库工作人员应定期进行保密教育；严禁向无关人员泄露仓库性质、位置、面积、隶属关系、人员编制、储存物品的品种和供应范围等机密；仓库的各种文件、单据等应妥善保管，以防丢失；严禁在私人通信、电话或公共场所谈论仓库相关事宜；外来办公或访友人员必须在规定的范围内活动，严禁在仓库内乱转。

建立巡回检查制度：建立每天巡回检查制度，下班时拉掉电闸，关好门窗，封好门锁；上班时，检查门、窗、锁有无异样，无异样，方可开锁进库。

实现安全监控电子化：仓储安全管理必须突破传统的经验管理模式，增加安全管理的科技含量，依靠科技手段，推广应用仓储安全监控技术，提高仓储安全水平。

加强仓库安全监控管理的措施

加强03：怎样加强仓库消防安全管理

消防安全管理是指企业为防范火灾的发生而采取的一系列管理工作。企业可以通过以下措施来加强仓库的消防安全管理，具体如下图所示。

措施一：仓库内应有明显的“严禁烟火”标示牌，仓库周围不许堆放木材和其他易燃、易爆物品。

措施二：仓库的通道及出入口应保持畅通。

措施三：仓库内不准存放易燃、易爆化学品，贵重物品要与一般物品分开储存。

措施四：仓库内禁止乱拉临时电源和照明线，如发现电路有故障，应立即找电工修理。

措施五：仓库内严禁停放和修理各种机动车、电瓶等，要经常保持库内清洁。

措施六：非工作人员不得进入库内，如工作需要必须进库时要经本库工作人员允许，方可进库。

措施七：仓库内禁止一切明火，如需动用明火作业时，须经有关部门批准。

措施八：每天下班前，对仓库要进行一次安全防火检查，确定无疑后，关好门窗，切断一切电源及水源，并认真填写检查记录。

措施九：对仓库的消防器材需妥善保管，应熟悉放置地点及使用方法。

加强仓库消防安全管理的措施

加强04：怎样加强贵重金属仓库的安全管理

贵重金属主要指金、银和铂族金属（钌、铑、钯、锇、铱、铂）等。在企业的生产过程中，有些生产工作会用到贵重金属。贵重金属具有非常高的经济价值，是企业的重要资产。企业可以通过以下措施来加强贵重金属仓库的安全管理，具体如下图所示。

措施一：贵重金属，必须储存于保险柜中并配备两把锁，由2人保管与发放。

措施二：在领用贵重金属时，必须详细填写领料单，经本部门领导签字，带贵重金属卡，方可领用。

措施三：在发放贵重金属时，要严格检查核对领料单上填写的品名及数量，方可发放，在发放时认真称重，避免误差。

措施四：在发放贵重金属后，认真填写贵重金属随物卡和总卡，以备后查。

措施五 → 对研究室返纳的贵重金属，要认真核对装箱单明细，并让存放人签字，分别对贵重金属称重并做好标签，装入保险柜存放。

措施六 → 在发放贵重金属后，应该关好水、电和防盗门、窗。

加强贵重金属仓库的安全管理的措施

加强05：怎样加强剧毒品仓库的安全管理

企业可以通过以下措施来加强对剧毒品仓库的安全管理，具体如下图所示。

措施一 → 剧毒物品，必须储存于保险柜中并配备两把锁，由2人保管与发放。

措施二 → 科研人员在领用剧毒物品时，必须详细填写使用报告，经本部门领导签字，报保卫部门签字备案后，方可领用。

措施三 → 在发放剧毒物品时，要严格检查核对领料单上填写的品名及数量，方可发放，在发放称重时应带胶手套，认真称重，避免误差。

措施四 → 在发放剧毒物品后，应该保存领料单第二联，以备后查。

措施五 → 对研究室临时存放的剧毒物品，要认真核对装箱单明细，并让存放人签字，分别对剧毒物品称重并做好标签，装入单独保险柜存放。

措施六 → 在发放剧毒物品后，应该关好水、电和防盗门、窗。

加强剧毒物品库的安全管理的措施

加强06：怎样加强有害气体仓库的安全管理

有害气体是指在一般或一定条件下有损人体健康，或危害作业安全的气体，如一氧化碳、二氧化氮等。企业可以通过以下措施来加强有害气体仓库的安全管理，具体如下图所示。

措施一	各种钢瓶必须按照国家标准染色，写上气体名称以示区分。
措施二	气体钢瓶应专瓶专用，不得任意改动。
措施三	各种气体钢瓶必须严格按气体性质分类存放，特别是相互接触可引起燃烧爆炸的气体，绝不允许在一起存放。
措施四	气体库房要通风良好，要经常检查气体钢瓶嘴子，严防气体泄露。
措施五	充满气体的钢瓶不得靠近火源，不得受日光暴晒。
措施六	钢瓶嘴子不可随意拧动，应无油污，不得用胶垫，充满气体的钢瓶要带好安全帽。
措施七	轻拿轻放，不得随意放倒滚动。
措施八	按照国家有关规定，钢瓶要定期检压，过压钢瓶绝不允许充装气体。
措施九	要熟悉掌握各种气体的基本性质及特性，规范科学地进行管理。

加强有害气体仓库安全管理的措施

加强07：怎样加强危险品仓库的安全管理

危险品是易燃、易爆、有强烈腐蚀性的物品的总称。如汽油、炸药、强酸、强碱、苯、过氧化物等。企业可以通过以下措施来加强危险品仓库的安全管理，具体如下图所示。

措施一	危险品储存必须按其性质分区、分堆、隔距保管，堆垛不得过高、过密。堆垛之间、堆垛与墙壁之间，应该留出一定的间距通道并保障通风良好。
措施二	爆炸与放射性物品，必须单独存放于专门的仓库中，不得与其他物品同一库房存放。

措施三 → 相互接触能引起燃烧、爆炸或灭火方法不同的化学危险品，不得同库储存。如：强烈氧化剂（氯酸钾、氯酸钠、硝酸钠等）与易燃物品，强酸性腐蚀物品，易燃物品与油脂，氰化物与酸性腐蚀物品不能存放在一起。

措施四 → 遇水燃烧，怕冻、怕晒的化学危险品，不得在露天、低温或高温处存放。

措施五 → 危险品仓库，应加强保卫，严格出入库制度。仓库内严禁烟火，杜绝一切可能产生火花的因素。如工作需要，必须用火时，需经上级领导同意和保卫部门批准。

措施六 → 容器包装要密封完整无损，如发现破损渗漏，必须立即进行安全处理，以防引起燃烧、爆炸或中毒。

措施七 → 性质不稳定容易分解和变质，以及混有杂质而容易引起燃烧爆炸的危险品，应该定期进行测温、化验，防止自燃或爆炸。

措施八 → 搬运危险品时，要轻拿轻放，严防震动、撞击、摩擦、重压和倾倒。危险品仓库，应该保持良好的通风。工作结束后，应该进行安全检查并关闭水、电开关。

加强危险品仓库安全管理的措施

加强08：怎样加强仓库电气装置管理

电气装置是指各类使用电力的器具，如各类灯具、开关设备、电子设备等。仓库的电气装置必须符合国家现行的有关电气设计和施工安装验收标准规范的规定。为加强仓库电气装置管理，应采取以下措施，具体如下图所示。

措施一 → 按标准设置移动式照明灯具。照明灯具下方不准堆放商品，其垂直下方与储存商品水平高不得小于0.5米；不准使用电炉、电烙铁、电熨斗等库内敷设的配电线路，需穿金属管或用非燃硬塑料管保护。

措施二	储存有同种类易燃、易爆物品库房的电气装置必须符合国家现行的有关爆炸危险场所电气安全规定；不准使用碘钨灯和超过六十瓦以上的白炽灯等高温照明灯具。当使用日光灯等低温照明灯具和其他防燃型照明灯具时，应当对镇流器采取隔热、散热等防火保护措施，确保安全。
措施三	在库房外单独安装开关箱，离库时，必须拉闸断电；禁止使用不合规格的保险装置。
措施四	仓库电气装置设备的周围和架空线路的下方严禁堆放物品，对提升、码垛等机械设备易产生火花的部位，要设置防护罩。
措施五	仓库必须按照国家有关防雷设计安装规范的规定，设置防雷装置，并定期检测，保证有效。
措施六	仓库的电气装置设备必须由持合格证的电工进行安装、检查和维修保养，电工应严格遵守各项电气装置操作规程。

加强仓库电气装置管理的措施

第八章　仓库5S管理八项掌握

5S是指整理（Seiri）、整顿（Seiton）、清扫（Seiso）、清洁（Seiketsu）、素养（Shitsuke）等五个项目，因日语的罗马拼音均为“S”开头，所以简称为5S。5S是一种保持现场良好环境，创造良好工作秩序的方法。规范的5S管理能为仓库创造一个良好的工作环境，提高仓库工作效率，减少仓库事故发生率。

掌握01：开展5S活动应掌握哪些要领

开展5S活动应掌握以下要领，具体如下图所示。

要领一	高层领导强有力的支持。这种支持绝不是停留在口头上，而是尽量做到出席推行委员会会议，与推行办人员一起参加5S活动的评比。
要领二	推动部门全员参与5S活动重要的不是理论而是实践，实践越多效果越好，参加5S实践的人数越多，越容易达到5S的目的。因此，5S活动最有效的开展方法就是促进全员参与。
要领三	运用各种宣传工具发行5S活动刊物，或在现有刊物上开辟5S专栏；制作5S宣传板报，张贴或悬挂5S标语、口号。
要领四	开展多种形式的活动。召开5S活动动员会和报告会；开展5S宣传画、标语、口号等征集、表彰活动等。

仓管经理开展5S活动应掌握的要领

掌握02：整理工作要掌握哪些要领

整理是指将事物理出一个条理来，使事物的处理简单化，即对工作场所中的物品、机器设备清楚地区分为需要品与不需要品，对于需要品加以妥善的保管，不需要品则进行相应的处理。整理工作要掌握以下要领，具体如下图所示。

要领一：把要与不要的人、事、物分开，再将不需要的人、事、物加以处理，对仓库现场的现实摆放和停滞的各种物品进行分类，区分什么是现场需要的，什么是现场不需要的。

要领二：对于现场不需要的物品，诸如用剩的材料、多余的半成品、切下的料头、切屑、垃圾、废品、多余的工具、报废的设备、作业人员的个人生活用品等，要坚决清理出仓库现场。

要领三：对于仓库现场里各个工位或设备的前后、通道左右、厂房上下、工具箱内外，以及仓库现场的各个死角，都要彻底搜寻和清理，达到现场无不用之物。

整理工作要掌握的要领

掌握03：整顿工作要掌握哪些要领

整顿是指将整理后所留下来的需要品摆放到合适的地方，并为其贴上标志牌，使其能够很方便地被取用和放回。整顿工作要掌握以下要领，具体如下图所示。

要领一：物品摆放要有固定的地点和区域，以便于寻找，消除因混放而造成的差错。

要领一：物品摆放地点要科学合理。例如，根据物品使用的频率，经常使用的物品应放得近些（如放在作业区内），偶尔使用或不常使用的物品则应放得远些（如集中放在仓库）。

要领三：物品摆放目视化，使定量装载的物品做到过目知数，摆放不同物品的区域采用不同的色彩和标记加以区别。

整顿工作要掌握的要领

掌握04：清扫工作要掌握哪些要领

清扫是指将工作场所、机器设备内看得见和看不见的地方清扫干净，并保持现场干净整洁。这样有利于改善员工的心情，保证产品的品质，减少设备故障。开展清扫工作要掌握以下要领，具体如下图所示。

要领一	自己使用的物品，如设备、工具等，要自己清扫，而不要依赖他人，不增加专门的清扫工。
要领二	对设备的清扫，着眼于对设备的维护保养。清扫设备要同设备的点检结合起来，清扫即点检；清扫设备要同时做设备的润滑工作，清扫也是保养。
要领三	清扫也是为了改善。当清扫地面发现有飞屑和油水泄漏时，要查明原因，并采取措施加以改进。

清扫工作要掌握的要领

掌握05：清洁工作要掌握哪些要领

清洁是指对清扫后状态的保持，将前3S（整理、整顿、清扫）实施的做法制度化、规范化，并贯彻执行及维持成果。清洁就是为了坚持前几个管理环节的成果。开展清洁工作要掌握以下要领，具体如下图所示。

要领一	仓库现场环境不仅要整齐，而且要做到清洁卫生，保证作业人员身体健康，提高作业人员劳动热情。
要领二	不仅物品要清洁，而且作业人员本身也要做到清洁，如工作服要清洁，仪表要整洁，及时理发、刮须、修指甲、洗澡等。
要领三	作业人员不仅要做到形体上的清洁，而且要做到精神上的“清洁”，待人要讲礼貌，要尊重别人。
要领四	要使环境不受污染，进一步消除浑浊的空气、粉尘、噪音和污染源，消灭职业病。

清洁工作要掌握的要领

掌握06：素养工作要掌握哪些要领

素养是指使员工时刻牢记前4S规范，自觉地进行整理、整顿、清扫、清洁，使5S活动更重于实质，而不是流于形式。素养也是使员工在言行举止上都具有良好的习惯。开展素养工作要掌握以下要领，具体如下图所示。

要领一　持续推动前4S，即整理、整顿、清扫、清洁，直至全员成为习惯。

要领二　对员工及时进行培训。

要领三　培养员工的责任感，激发其热情。

要领四　推动5S各项工作标准化。

要领五　制作各种标志牌，提醒员工对5S的重视。

素养工作要掌握的要领

掌握07：处理清扫过程中发现的问题应掌握哪些要领

清扫是对现场环境的打扫。清扫人员在清扫过程中可能会发现一些问题，如地面凹凸不平、发现仓储设备出现螺栓松动或生锈等，遇到这些问题清扫人员要及时通知相关人员，如维修人员等，做好处理工作。处理清扫过程中发现的问题应掌握以下要领，具体如下图所示。

要领一　地面凹凸不平，搬运车辆走在上面会让产品摇晃碰撞，导致品质问题的发生，员工也容易摔跟头，这样的地面要及时整修。

要领二　对松动的螺栓要马上加以紧固，补上不见的螺丝、螺母等配件。

要领三　对需要防锈保护或需要润滑的部位，要按照规定及时加油保养。

要领四　更换老化或破损的水管、气管、油管。

要领五　清理堵塞的管道。

要领六　调查跑、滴、冒、漏的原因，并及时加以处理。

要领七　更换或维修难以读数的仪表装置。

要领八	添置必要的安全防护装置（如防压鞋、绝缘手套等）。
要领九	要及时更换绝缘层已老化或被老鼠咬坏的导线。

处理清扫过程中发现的问题应掌握的要领

掌握08：实施5S检查应掌握哪些要领

5S工作结束后，企业应当开展检查，以确认5S工作是否顺利完成，以及是否存在仍未解决的问题，对检查中发现的问题要及时整改。实施5S检查应掌握以下要领，具体如下图所示。

要领一	检查仓库中有没有用途不明之物。
要领二	检查仓库中有没有闲置的容器、纸箱。
要领三	检查仓库中有没有应废弃之物。
要领四	检查输送带之下，物料架之下有否置放物品。
要领五	检查仓库中有没有乱放的个人物品。
要领六	检查是否有变形或破损的包装箱等捆包材料。
要领七	检查工夹具、计测器等是否放在所定位置上。
要领八	检查货架及保管箱内之物品，是否按照摆放标准进行摆放。
要领九	检查危险品有否明确标示，灭火器是否有定期点检。

实施5S检查应掌握的要领

第二部分

怎样规范仓库的组织架构

良好的组织架构有利于仓库各项工作的高效开展。因此，企业必须不断优化仓库的组织架构，使其不断地趋向规范化，合理化。

第一章　仓库的组织架构

仓库是各项仓储工作的承担者，建立良好的组织架构有利于仓储工作的顺利开展。仓库按不同类型、不同规模划分，有不同的组织形式。各级仓管人员应当了解仓库的组织架构，明确了解在架构中的位置，共同维护仓储工作的顺利进行。

第一节　按类型划分仓库组织架构

仓库的组织架构按不同类型有不同的划分方式。按照职能划分是将仓库视作一个整体，然后按入库、出库、仓储、运输配送等不同职能进行划分，而按照存储对象不同，则是根据各个仓库所存储的物品类型进行分类，如原材料库、辅料库等。企业可以将这两种方式结合起来应用，设置最合理的仓库组织架构。

架构01：按照不同职能设计的仓库组织架构

仓库是企业贮存各类物资的场所，有很多岗位，按照职能不同设计的组织架构具体如下图所示。

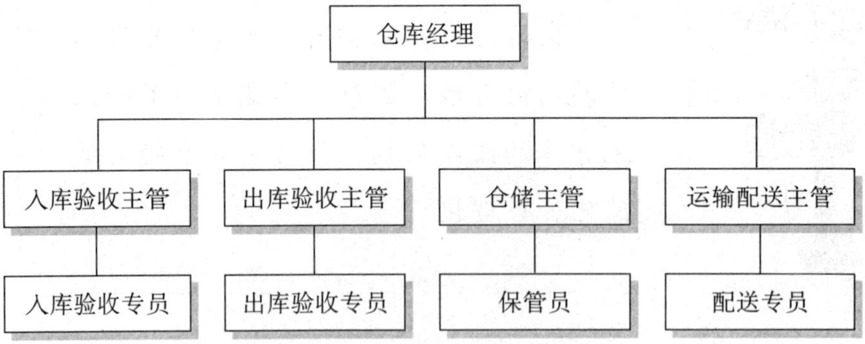

按照不同职能设计的仓库组织架构

架构02：按照存储对象不同设计的仓库组织架构

仓库是企业贮存各种物资的场所。仓库承担着多项不同职能的工作，例如入库验收、出库验收、仓储保管、运输配送等。企业可以以这些不同的职能为依据，设计组织架构，如为入库验收设置入库验收主管、入库验收专员，为运输配送设置运输配送主管、配送专员等，具体组织架构如下图所示。仓库存储的物品很多，如原材料、辅料、成品等，按照存储对象不同设计的仓库组织架构如下图所示。

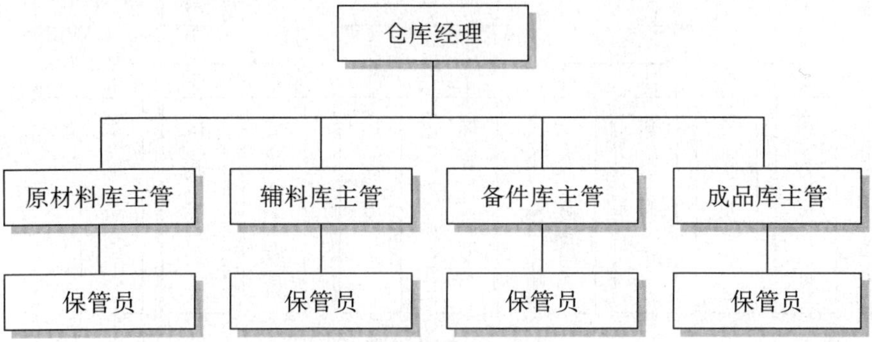

按照存储对象不同设计的仓库组织架构

第二节　按规模划分仓库组织架构

仓库的组织架构按规模划分主要为大型仓库和中小型仓库。大型制造仓库组织架构往往较为复杂，层级较多，如在仓库经理之下设置了仓库经理助理，并在仓储主管之下设置了保管员、养护员、机务员等岗位。而中小型仓库组织架构则较为简单，层级较少，往往由仓库经理直接领导仓储主管。

架构01：大型仓库组织架构图

大型仓库主要用于大型制造企业，如大型钢厂、电子厂等。大型制造企业往往具有非常庞大的生产规模，物料、成品等进出仓库非常频繁，且数量很大，因此仓库的容量也非常大。大型仓库组织架构一般会比较复杂，包括入库验收主管、仓储主管等一系列岗位，具体如下图所示。

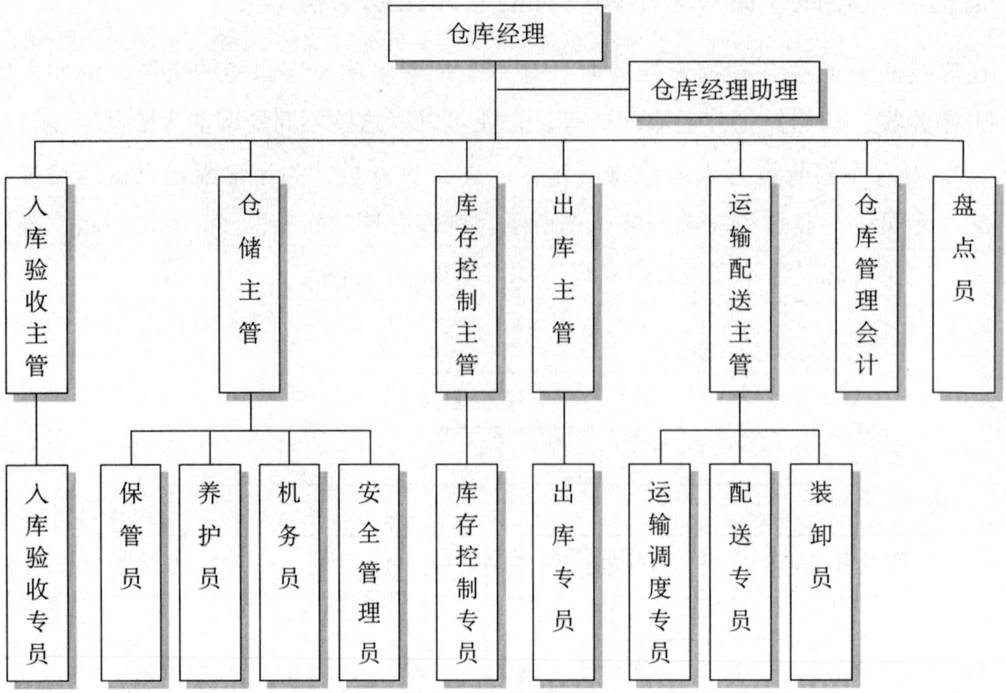

大型仓库组织架构图

架构02：中小型仓库组织架构图

中小型仓库主要用于各类中小型企业，如各类规模较小的五金厂、玩具厂等。中小型企业生产规模往往不大，因此，仓库不需要设置大型企业仓库那么多的岗位。中小型仓库的组织架构中，仓库组织架构比较简单，一般如下图所示。

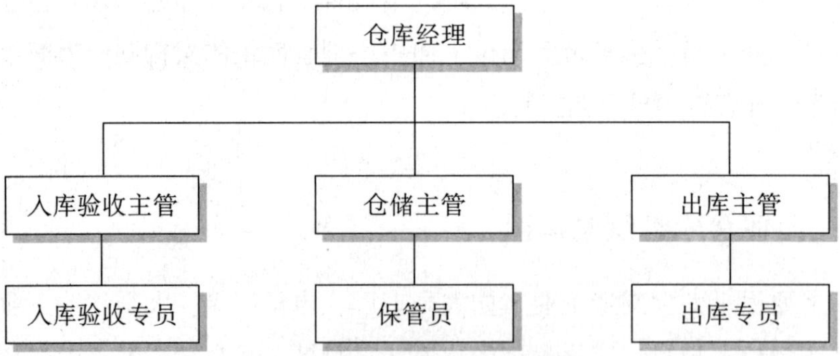

中小型仓库组织架构图

第二章　仓库岗位职责

岗位职责是指每个岗位上的员工应当承担的工作职责，也包含了每个岗位的具体工作任务。企业必须明确仓库各级人员的岗位职责。只有明确了岗位职责，才能保证权责分明，使仓储工作顺利开展。

第一节　仓库的职责与权力

仓库既是各类物品的储存场所，也是企业不可或缺的一个重要部门，因此要承担一定的职责，并拥有相应的权力。仓库各级人员应当了解仓库的职责和权力，以便有效地履行仓库的职责，并行使相应的权力。

责权01：仓库的职责

仓库的职责如下表所示。

仓库的职责

岗位名称	仓库
岗位职责	（1）仓库各类管理制度的制定与执行。 （2）仓库中各项工作的流程、操作标准的制定与执行。 （3）企业所购买的各类物品、产成品出入库前的检验。 （4）各类物品、产成品的出入库管理。 （5）进行仓储规划，合理利用仓容及各种资源，使各类物品摆放适当、位置合理。 （6）合理存储和保管各类物品，控制库存，尽量减少库存损失。 （7）对各类物品库存进行盘点与管理，为采购、生产等部门提供准确的库存数据。 （8）合理处理滞料、废料，对验收不合格的物品拒绝出入库，并提出处理意见。 （9）仓库叉车等工具的管理。 （10）各类物品的分拣、拆包、理货、配货。 （11）在库产成品的包装、打包工作。 （12）各类物品的装卸、搬运、搬移及配送管理。

（续表）

岗位职责	（13）仓库消防、治安管理，避免出现安全事故。 （14）其他相关工作。

责权02：仓库的权力

仓库的权力如下表所示。

仓库的权力

名称	仓库
权力	（1）有权参与企业相关制度、政策的制定，并提出相应建议。 （2）有权对企业的库存管理、采购工作提出意见和建议。 （3）有权拒绝手续不全、不合格物品的出入库。 （4）对不合格品、变质品、废品具有处理建议权。 （5）仓库部门内部组织机构建立、员工考核的权力。 （6）各分部仓库管理人员考核的参与权。 （7）仓库部门内部员工聘任、解聘的建议权。 （8）对仓库内部员工违规行为进行处罚的权力。 （9）要求相关部门配合相关工作的权力。 （10）仓库内部工作开展的自主权。 （11）对影响仓储管理工作的人员提请处罚的权力。 （12）提交改进仓储管理制度、工作流程并获得答复的权力。 （13）其他相关权力。

第二节　仓库各级人员岗位职责

因为分工不同，各岗位的职责也有所不同，例如仓库经理的岗位职责包括制订仓库工作计划及业务发展规划等，而入库验收专员的岗位职责则包括负责所有物品的入库验收工作等。各级仓管人员应当熟知自己的岗位职责，并按照职责要求开展工作。

职责01：仓库经理的岗位职责

仓库经理的岗位职责如下表所示。

仓库经理的岗位职责

岗位名称	仓库经理
岗位职责	（1）根据企业年度经营计划及战略发展规划，制订仓库工作计划及业务发展规划。 （2）根据企业经营管理整体要求，制定库房管理、出入库管理等各项制度并贯彻实施。 （3）根据企业仓储工作特点，编制各项工作流程及操作标准并监督执行。 （4）贯彻执行企业下达的仓储工作任务，并将各项任务落实到责任人。 （5）采用科学的仓储管理方法，做好库存物品的存放管理及各类物品的出入库管理。 （6）核定和掌握仓库各种物品的储备定额，并严格控制，保证合理库存和使用。 （7）根据生产任务安排，做好物料、工具等物品的收发服务，并保证品质和生产的需要。 （8）掌握各类物品的收发动态，审查统计报表，定期撰写分析报告并上报有关领导。 （9）定期组织盘点，对盘赢、盘亏、丢失、损坏等情况查明原因和责任，并提出处理意见。 （10）加强安全、消防管理，做好防火、防盗、防潮等工作。 （11）改善仓储环境，提高搬运效率，提供及时、安全、有效的搬运、配送服务。 （12）参与制定企业全面品质管理制度体系及服务标准建设，并监督实施情况。 （13）负责废旧物品的管理，对滞料、废料、不合格品等提出处理意见并协助实施。 （14）负责对仓库叉车等工具进行管理。 （15）负责与其他职能部门的协调沟通。 （16）组织与建设仓库团队，协助人力资源部做好员工的选拔、配备、培训、绩效考核工作。 （17）对下属员工的业务指导、合理调配、监督其计划执行，努力提高其积极性和服务意识。 （18）完成上级领导交办的其他工作。

职责02：仓库经理助理的岗位职责

仓库经理助理的岗位职责如下表所示。

仓库经理助理的岗位职责

岗位名称	仓库经理助理
岗位职责	（1）协助仓管经理制定与修改仓储管理、出入库等各项规章制度。 （2）协助仓管经理制定和完善仓库的各项工作流程、操作规范。 （3）协助仓管经理进行仓库的日常管理，提出工作改进的合理化建议。

（续表）

岗位职责	（4）负责仓库各类文件的草拟、成文及发放。 （5）负责仓库工作会议的组织，做好会议记录。 （6）协助仓管经理做好部内员工的工作安排等。 （7）负责收集各类存储物品库存情况、出入库情况的统计报表，汇总后上报。 （8）协助仓管经理对库管人员的业务、劳动纪律、现场管理等进行日常检查与督导。 （9）协助仓管经理与其他职能部门进行沟通与协调。 （10）完成上级领导交办的其他各项工作。

职责03：入库验收主管的岗位职责

入库验收主管的岗位职责如下表所示。

入库验收主管的岗位职责

岗位名称	入库验收主管
岗位职责	（1）负责制定所有物品的入库验收作业规范，并监督实施。 （2）落实执行所有物品的入库验收工作，并出具入库验收报告。 （3）妥善处理存在异常问题而不可入库的物品。 （4）协助采购部处理不合格材料、货物的退货工作。 （5）参与供应商、协作厂商的绩效评审工作。 （6）对所有物品的规格、包装、外观及运输条件提出改善意见或建议。 （7）完成上级领导交办的其他工作。

职责04：入库验收专员的岗位职责

入库验收专员的岗位职责如下表所示。

入库验收专员的岗位职责

岗位名称	入库验收专员
岗位职责	（1）协助验收主管制定物品入库验收作业规范，并严格参照执行。 （2）负责所有物品的入库验收工作，并如实填写相应的入库验收单。 （3）识别和记录物品的品质问题，对物品的包装、运输及其他方面提出改进建议。 （4）拒收进料中的不合格材料和物件。 （5）做好物品验收记录，对物品的验收情况进行统计、分析、上报。 （6）完成上级领导交办的其他工作。

职责05：仓储主管的岗位职责

仓储主管的岗位职责如下表所示。

仓储主管的岗位职责

岗位名称	仓储主管
岗位职责	（1）协助仓管经理制定仓库存货管理、消防安全管理等各种制度。 （2）安排货物的存放地点，登记保管账和货位编号。 （3）组织检查货物的包装是否有漏包、霉变、虫害，清点数量，并按规格、重量分别存放。 （4）组织对仓库进行温湿度管理，物品防腐、防霉、防锈管理和病虫害防治工作。 （5）负责仓库安全管理，检查仓库消防、防汛等设施，巡查安全隐患，保证仓库安全。 （6）负责仓库的现场管理，要求仓库管理人员严格执行“5S”管理规定。 （7）负责仓库管理人员的业务、劳动纪律、现场管理等的日常检查、督导。 （8）协助行政人事部做好仓库管理人员业务知识的培训。 （9）完成上级领导交办的其他工作。

职责06：保管员岗位职责

保管员岗位职责如下表所示。

保管员岗位职责

岗位名称	保管员
岗位职责	（1）负责保管区内物品的保管工作。 （2）对保管区内的货物及时登记实物登记卡。 （3）定期清扫保管区，保证保管区内清洁卫生，无虫害、鼠害。 （4）定期检查所保管的货物品种、数量、品质状况。 （5）负责保管物品的安全管理工作，协助安全管理员进行仓库消防安全管理。 （6）完成上级领导交办的其他工作。

职责07：养护员岗位职责

养护员岗位职责如下表所示。

养护员岗位职责

岗位名称	养护员
岗位职责	（1）加强仓库的温湿度管理，保持物品储存的合理温湿度。 （2）采取适当的措施，防止库存商品的腐蚀和霉变。 （3）保持仓库的卫生和清洁，防止鼠害和病虫害。 （4）对库存的特殊物品，根据其物品特性要求采取相应的措施，保证其在库期间的品质。 （5）检查仓库养护设施设备的运转情况，保证仓库的储存条件经常处于良好的状态。 （6）完成上级领导交办的其他工作。

职责08：机务员岗位职责

机务员岗位职责如下表所示。

机务员岗位职责

岗位名称	机务员
岗位职责	（1）制订合理的设备和车辆的使用和维护保养计划，执行设备的预防保养制度。 （2）负责仓储设施设备的管理。 （3）定期检查各种在用的仓储设施设备，及时发现设施设备使用的各种事故隐患。 （4）加强技术改造，节约设备的运营费用，降低仓储成本。 （5）对设备操作人员进行定期的技术培训。 （6）完成上级领导交办的其他工作。

职责09：安全管理员岗位职责

安全管理员岗位职责如下表所示。

安全管理员岗位职责

岗位名称	安全管理员
岗位职责	（1）负责购置和配备安全生产所需的各种设施和设备，如消防器材、安全指示标牌等。 （2）负责制订消防安全计划和防范措施。 （3）定期进行安全检查、消防检查，消除安全隐患。 （4）对仓库管理各环节进行安全检查和监督，确保仓库储存货物的安全。 （5）完成上级领导交办的其他工作。

职责10：库存控制主管岗位职责

库存控制主管岗位职责如下表所示。

库存控制主管岗位职责

岗位名称	库存控制主管
岗位职责	（1）制定并组织实施公司库存控制管理制度和管理流程。 （2）指导库存控制专员同客户和供应商进行库存控制的沟通工作。 （3）负责同生产部和采购部沟通库存控制状况，协调同生产部和采购部的关系。 （4）负责公司库存控制系统的建设，加强库存控制信息化建设。 （5）全面负责仓库库存运作的管理和优化改进。 （6）督促并配合生产部对呆滞物料的处理工作。 （7）负责各类库存记录和表格填写的完整性和准确性。 （8）协助人力资源部开展对直属下级的培训和绩效考核工作。 （9）完成上级领导交办的其他工作。

职责11：库存控制专员岗位职责

库存控制专员岗位职责如下表所示。

库存控制专员岗位职责

岗位名称	库存控制专员
岗位职责	（1）分析跟踪每日库存状态，并根据分析、跟踪结果采取相应的处理措施。 （2）协助库存控制主管不断优化库存控制系统，降低库存控制成本。 （3）协同生产、物料、品质等各部门，分析物料损耗，并提请相关处理意见。 （4）具体负责对呆滞物料的处理工作。 （5）分析和改进库存控制系统，协助库存控制主管降低库存和提高库存周转次数。 （6）负责库存数据录入和库存报表工作。 （7）完成上级领导交办的其他工作。

职责12：出库主管岗位职责

出库主管岗位职责如下表所示。

出库主管岗位职责

岗位名称	出库主管
岗位职责	（1）制定仓储物品的出库管理制度，上报领导审批后贯彻实施。 （2）负责制定物品的出库工作流程及优化，提高工作效率。 （3）负责检验待出库物品的数量、品质及包装等情况。 （4）负责审查出库手续、凭证等是否齐全。 （5）对于手续齐全、品质合格、数量无误的出库申请，在“出库单”上签字后放行。 （6）物品搬运出库过程中的现场指挥，避免出现意外损失。 （7）监督出库物品装载上车。 （8）每日编制出库物品统计报表，并上报仓管经理助理。 （9）与生产等部门沟通、协调有关出库物品事宜。 （10）完成上级领导交办的其他工作。

职责13：出库专员岗位职责

出库专员岗位职责如下表所示。

出库专员岗位职责

岗位名称	出库专员
岗位职责	（1）协助出库主管制定仓库出库管理制度，并提出合理化建议。 （2）总结工作经验，提出工作改进建议，优化工作流程。 （3）协助出库主管检验待出库物品的品质、包装情况，清点数量或过磅。 （4）协助审核物品出库手续、凭证等的完整性，确保出库工作准确。 （5）严格按照出库凭证发放物料，做到账、卡、物相符。 （6）负责物料出库过程中人员的安排，指导物品的搬运操作规范，防止发生意外。 （7）出库单的收集、汇总、统计及保管。 （8）出库物品数量统计，并将数据提交给出库主管。 （9）完成上级领导交办的其他工作。

职责14：运输配送主管岗位职责

运输配送主管岗位职责如下表所示。

运输配送主管岗位职责

岗位名称	运输配送主管
岗位职责	（1）制定运输配送日常管理制度并负责落实执行。 （2）负责审批运输配送计划并监督实施。 （3）负责对运输配送人员进行调度和安排。 （4）负责对运输配送部门的设施进行管理。 （5）负责车辆的组织、调配和管理。 （6）对运输配送过程中产生的单据和档案进行管理。 （7）协助人力资源部门做好所属员工的考核工作。 （8）完成上级领导临时交办的工作。

职责15：运输调度专员岗位职责

运输调度专员岗位职责如下表所示。

运输调度专员岗位职责

岗位名称	运输调度专员
岗位职责	（1）协助运输配送主管制定运输规章制度和安全管理制度，组织执行并监督。 （2）制订月度运输计划并监督执行。 （3）合理进行车辆调度，确保运输效率。 （4）审核运输、保险费用，在相关单证上签字。 （5）保证各运输设备完好运行。 （6）处理运输事故，并负责善后事宜。 （7）审核发运要求，选择最佳发运路线和方式。 （8）与相关部门进行协调，确保工作顺利开展。 （9）监督、检查、评估运输方面的工作品质、及时性和费用等情况。 （10）组织实施专项运输方案，负责项目的组织协调、跟踪工作。 （11）完成上级领导临时交办的其他工作。

职责16：配送专员岗位职责

配送专员岗位职责如下表所示。

配送专员岗位职责

岗位名称	配送专员
岗位职责	（1）制订物料配送计划，并组织执行。 （2）监控物料的发送及运输，以保证物料配送的及时、安全。 （3）负责与客户或供应商进行沟通，协调配送过程中发生的问题。 （4）优化物料配送作业流程，不断提高配送工作效率。 （5）与运输作业人员密切配合，保障物料配送用车。 （6）完成上级领导临时交办的其他工作。

职责17：装卸专员岗位职责

装卸专员岗位职责如下表所示。

装卸专员岗位职责

岗位名称	装卸专员
岗位职责	（1）做好装卸人员的制度、流程建设。 （2）负责组织装卸人员进行货物装卸作业，保证按时按量装卸。 （3）负责组织货物装载后的固封防护工作。 （4）根据公司5S管理要求，负责作业后的场地清扫和物品清理工作。 （5）负责装卸人员的业务、劳动纪律、现场管理等的日常检查、督导、考核工作。 （6）完成上级领导临时交办的其他工作。

职责18：仓库管理会计岗位职责

仓库管理会计岗位职责如下表所示。

仓库管理会计岗位职责

岗位名称	仓库管理会计
岗位职责	（1）协助财务经理制订库存计划、财务预算及其他相关财务计划，并监督计划的实施。 （2）按照公司及政府相关部门的要求，及时编制各种财务报表。 （3）负责财务核算、审核、监督工作。 （4）拟定成本核算办法，建立健全成本核算工作程序，编制成本费用计划。 （5）对已审核的原始凭证及时填制记账凭证并记账。

（续表）

岗位职责	（6）寻求降低成本的途径和方法，控制库存费用支出。 （7）员工报销费用的审核、凭证的编制和登账。 （8）对已审核的原始凭证及时填制记账凭证并记账。 （9）监控公司成本费用状况，对异常情况及时向上级领导汇报，并采取相应的措施。 （10）相关原始凭证、单据的分类保管。

职责19：盘点员岗位职责

盘点员岗位职责如下表所示。

盘点员的岗位职责

岗位名称	盘点员
岗位职责	（1）根据盘点计划对库存物品进行现场盘点。 （2）记录盘点结果，汇总盘点报告。 （3）完成领导临时交办的其他工作。

第三部分

怎样规范物流与仓储作业流程

物流与仓储工作对企业的正常运营起着非常重要的作用。为使仓储工作正常开展，企业应督促各级仓库人员按照相关作业流程开展工作，只有这样，仓储工作才能取得圆满结果。

第一章　仓储规划管理流程

仓储规划是仓库管理的基础工作，标准的仓储规划工作能够使仓库内部分区合理、物品摆放井然有序。仓储规划管理流程通常包括仓库与仓区规划流程和货位设计流程两大类。

第一节　仓库与仓区规划流程

规划是各项具体工作的开端。通过对仓库进行规划，可以确定仓库的类别，设计主体结构，进而设计仓库的总平面，对各个区域进行明确区分。而通过对仓区进行规划，则可确定每个仓区的大小、容量、规格，使仓区的布局更合理。两项工作都要按照相关流程进行。

流程01：仓库规划流程

仓库规划流程具体如下表所示。

仓库规划流程

流程	流程说明
了解仓库类别 ↓	仓库类别不同，具体规划也有所不同，一般来说，仓库主要分为原料仓库、半成品仓库、成品仓库和各类物品仓库。
设计仓库主体结构 ↓	无论是哪种仓库，在设计其结构时都要考虑以下几点： （1）方便进仓、方便储存以及方便取出。 （2）充分保障安全。 （3）有扩充的弹性与潜能，以适应可能增加的存量。
设计仓库总平面 ↓	仓库总平面布置是指对仓库的各个主要组成部分，如库房、货棚、货场、辅助建筑物、库内道路、附属固定设备等在规定的范围内进行平面和立体的全面合理安排。

（续表）

流程	流程说明
↓ 编制规划图	根据以上步骤，编制出仓库规划图，即可按照规划图构建仓库。

流程02：仓区规划流程

仓区规划流程具体如下表所示。

仓区规划流程

流程	流程说明
了解仓库总平面布置 ↓	对仓区进行合理的规划，使之排列系统化、规范化，可以提高仓库的使用效率。根据已编制的仓库规划图，全盘了解仓库的主要结构、布置，取得一个全面的观感。
规划仓区 ↓	规划仓区时必须考虑以下要素： （1）仓区要与仓库现场靠近，通道顺畅。每仓要有相应的进仓门和出仓门，并有明确的标牌。 （2）按储存容器的规格、楼面载重承受能力和叠放的限制高度，将仓区划分成若干仓位，并用油漆或美纹胶在地面标明仓位名、通道和通道走向。 （3）必须将安全因素考虑在内，须明确规定消防器材所在位置、消防通道和消防门的位置、救生措施等。
设计仓区结构图	根据以上因素，具体设计仓区结构图。图纸设计完毕后，就可以按照该图纸具体布置仓区。

第二节　货位设计流程

货位设计流程主要包含货位布置流程和货位编号流程两部分。通过货位的布置，可以确定每个货位的位置、规格，然后通过对货位进行编号，为每个货位确定一个“身份”，方便记录与存放物品。

流程01：货位布置流程

货位布置流程具体如下表所示。

货位布置流程

流程	流程说明
选择货位布置方法	仓库的货位布置主要有以下三种方法： （1）横列式：横列式是指货垛或货架与库房的宽向平行排列。 （2）纵列式：纵列式是指货垛或货架与库房的宽向垂直排列。 （3）混合式：混合式是指横列式与纵列式混合在同一个库房布局。
选择合适的货架	货架是专门用于存放保管物品的设施，它在保证物资本身的功能、减少货物的损失、便于清点管理以及仓库的机械化及自动化管理等方面非常重要。
实行货位规格化	货位规格化，是运用科学的方法，通过周密的规划设计，进行合理分类、排列（库房号、货架号、层次号和货位号），使库内物品的货位排列系统化、规范化。
为货位编号	货位编号是将库房、货场、货棚、货垛、货架及物品的存放具体位置按顺序，统一编列号码，并作出明显标志。实行货位编号，有利于提高物品收、发效率，仓储物品的检查监督和盘存统计以及仓管人员之间的互助合作。编号完毕后将物品存入相对应的货位中。

流程02：货位编号流程

货位编号流程具体如下表所示。

货位编号流程

流程	流程说明
编制行号	编制行号的方法是将货架的走道定为一行，其左右两排货架属同一行，由南向北或由东向西，按英文26个字母依次编号。
编制列号	编制列号的方法是由东向西或由南向北按01–99两位数字依次编排，每行的南边或东边为单号，北边或西边为双号。

（续表）

流程	流程说明
编制层号	编制层号的方法是在同一列中，货位的层数用阿拉伯数字表示，如第一至第五层的货位用“1-5”表示。
货位编号格式	×××—× 表示×层 表示××列 表示物料放在×行 例：B06-3 表示物料放在B行、06列、第三层。

第二章　物品入库管理流程

仓库是企业各类物料、半成品、成品的储存场所，无论是哪种物品进入仓库，都需要按照一定的流程进行。仓管人员应严格执行其入库流程，发现问题，及时处理。

第一节　物料入库流程

物料入库涉及多项工作，必须按流程进行。物料入库首先要做好准备工作，如划分存放位置、整理存放区域等，当物料送到企业时，仓库要对物料进行验收，并按流程进行卸货。同时在企业日常生产工作中，仓库要配合生产部门做好物料入库工作，如做好物料调换、进料退货、物料退库、退料补货等工作等。

流程01：物料入库准备流程

物料入库准备流程具体如下表所示。

物料入库准备流程

流程	流程说明
了解所接物品 ↓	当仓管人员在接到“收货通知单”并确认其有效无误后，在物品到达之前主动与采购部门或供货商联系，了解物品入库应具备的凭证和相关技术资料如物品的性质、特点、保管事项等，尤其是对新物品或不熟悉的物品要特别注意。
划分存放位置 ↓	在确定物品存放的位置时，要综合考虑仓库的类型、规模、范围、用途，以及物品的自然属性、保养方法等。常见的划分物品存放位置的方法有较多，如按物品的种类和性质分类储存、按物品的危险性质分类储存、按物品的归属单位分类储存等。
整理存放区域 ↓	确定物品的具体存放位置后，就需要对相应区域做适当的整理工作，从而便于物品的存放及保养。

（续表）

流程	流程说明
组织接收人力	按照物品到达的时间、地点、数量等，预先做好到货接运、检验、堆码等人力的组织安排。
准备物力	根据接收物品的种类、包装、数量等情况以及接运方式，确定搬运、检验、计量等方法，配备好所用车辆、检验器材度量衡器和装卸、搬运、堆码苫垫的工具，以及必要的防护用品用具等。

流程02：物料入库接收流程

物料入库接收流程具体如下表所示。

物料入库接收流程

流程	流程说明
安排暂存区域	供应商物料送到后，仓库要及时安排暂放区域，供供应商暂放物料。
通知检验	物料送到后，要及时通知IQC人员前来检验，通知可以采取开来料报告单和直接转交送货单两种方式。
按检验结果处理物料	IQC人员会对物料进行检验，应根据不同的检验结果对物料进行以下处理： （1）如检验结果为合格时，将被检物料入账，并放置在规定的区域，同时将相关数据登记入账。 （2）如检验结果为不合格时，应在采购部的主持下由研发、品质、生产等部门共同研讨、决定处理方案，如挑选、特采等。 （3）将特采的物料挂上适当标志后按合格品处理。不过在发料时要识别是特采物料，并按规定用途发料，以确保有效追溯。
数量检验	IQC人员的检验工作往往是抽检，即抽取几个样本进行检验。全部的数目检验还需要仓库进行。仓库清点完物料具体数量后，要及时登记入账，如果发现问题，要及时处理。
登账记录	对于允收的物料，验收后，要及时在电脑系统中登账，做好记录。

流程03：物料入库卸货流程

物料入库卸货流程具体如下表所示。

物料入库卸货流程

流程	流程说明
确定卸车位置	企业对供应商送来的物料往往只是进行抽样检验，大多数货品往往还在车上。如果被IQC人员判定为允收，则需要正式安排将所有送到的物料卸下车，并存入仓库。首先就要确定卸车位置。选择位置时要认真考虑到供应商卸货的方便。
↓ 引导车辆入库	要及时打开仓门，引导供应商车辆进入仓库，停在卸车位置上。
↓ 协助卸货	卸货工作一般由供应商的送货人员负责，仓管人员要从旁协助。
↓ 登记入账	要对物料入库进行登记，并存档。

流程04：物料调换流程

物料调换流程具体如下表所示。

物料调换流程

流程	流程说明
物料检验	供应商送来物料后，由品质部门派人对物料进行检验，一旦发现问题，要及时提出，并做好记录。
↓ 与供应商进行沟通	对检验确认品质影响并不是很大的物料，或严重程度不至于退货的物料，可以及时与供应商进行沟通，协商换料，即由供应商重发同类型的物料，以避免退货等一系列麻烦。
↓ 物料调换	如果供应商同意换料，则可安排送货人员送来同型号的物料。
↓ 重新检验 ↓	由品质部门IQC人员对交换来的物料重新检验，确认是否存在品质问题。如果仍然存在问题，则应进行退货处理，并按合同相关要求进行索赔。如果检验结果合格，则应贴上允收标签，由仓管人员安排收货。

（续表）

流程	流程说明
记录存档	对事件的处理，必须做好记录，并存档。要将送料不合格的情况计入供应商资料中，作为供应商考核的信息。

流程05：进料退货流程

进料退货是指当供应商送来的物料经检验存在严重品质问题，企业无法使用其进行正常生产时，企业要求予以退货，并根据其未能及时供货给企业造成的损失进行索赔。进料退货流程具体如下表所示。

进料退货流程

流程	流程说明
物料检验	供应商送来物料后，由品质部门派人对物料进行检验，一旦发现问题，要及时提出，并视情况进行处理。需要特采的要安排特采，如果确认为不合格，则需安排退货。
填写“退料单”	确认不合格，无法收货之后，应由IQC人员或仓管人员填写“退料单”，作为退料工作的依据。
安排退货	协助供应商送料人员将已卸在仓库的物料重新装车送走。
索赔	索赔工作一般由采购部门负责，主要依据是双方签订的供货合同。企业可以按照相关合同条款进行索赔，但要注意做好协商工作。
记录存档	现场各经手人员要对整个事件的处理经过做好记录，并存档。

流程06：损害赔偿流程

一般来说，企业在开展采购工作时，会与供应商签订供货合同，合同中对供货的数量、规格、品质等会做出明确要求，合同中也会对供应商由于供货数量不足或交期延迟等问题，导致企业利益受到损害时应进行的赔偿。因此，当问题发生时，企业可以向供应商提出损害赔偿。损害赔偿流程具体如下表所示。

损害赔偿流程

流程	流程说明
明确损害赔偿的条件 ↓	如果供应商送来的物料中有一部分没达到品质要求或数量不足、交期延迟，或是出货不符等意外、不全或是不履行等情形，就需要进行损害赔偿。
划分损害程度 ↓	按照供应商损害的不同程度，可做如下处理： （1）提出警告。 （2）要求货品赔偿。 （3）要求金钱赔偿。
处理	对以上处理，重要的是第（2）点与第（3）点。第（2）点可以要求损害赔偿、降价、拒绝支付等；而第（3）点可以要求解约，或者搭配组合以追究责任归属。

流程07：物料退库流程

物料退库是指当一天的生产工作结束后，仍存在多余的物料时，应将物料重新退回仓库。物料退库流程具体如下表所示。

物料退库流程

流程	流程说明
明确相关人员职责 ↓	（1）车间主任、仓管人员、核算员对本流程的实施负责。 （2）工艺员、检验员负责监督、检查。
填写“物料退库单” ↓	由车间核算员用红笔填写“物料退库单”，经车间主任、检验员审核签字后，随同物料交仓管人员。
检查 ↓	接到车间用红笔填写的“物料退库单”后，应检查物料状态及包装情况并记录。
重检	根据规定，所退的物料在入库保管前，需经过检验员重新检验，填写“退库物料重检单”，确认合格后，仓管人员方可办理入库保管。

流程08：退料补货流程

退料补货是指生产线上如果发现有与产品规格不符的物料、不良的物料和呆料，应退回仓库，更换合格的物料，以满足生产的需要。退料补货流程具体如下表所示。

退料补货流程

流程	流程说明
退料汇总	生产部门将不良物料分类汇总后，填写“退料单”送至品质部IQC组。
品管鉴定	品管检验后，将不良品分为报废品、不良品与良品三类，并在“退料单”上注明数量。对于规格不符的物料、超发物料及呆料退料，退料员在“退料单”上备注不必经过品管直接退到仓库。
退货	生产部门将分好类的物料送至仓库，根据“退料单”上所注明的分类数量，经清点无误后，分别收入不同的仓位，并挂上相应的“物料卡”。
补货	因退料而需补货者，需开“补料单”，退料后办理补货手续。
登账记录	及时将各种单据凭证入账。
表单的保存与分发	将当天的单据分类归档或集中分送到相关部门。

第二节　半成品、成品入库流程

半成品与成品入库也是入库管理工作的重点内容。两者都要做好检验工作，只有检验合格才能入库储存，同时要针对不同的检验结果为其贴上相应的检验标签，并录入电脑系统中。

流程01：半成品入库流程

半成品入库流程具体如下表所示。

半成品入库流程

流程	流程说明
待检 ↓	制作好的半成品放置检验并悬挂“待检品”标示牌。
检验 ↓	检验人员按规定数量比例进行抽样检验或全检。
处理 ↓	检验判定后，根据不同的检验结果悬挂相应的标示牌并贴相应的检验标签，（返工品、报废品、合格品）。合格品由统计清点数量并填写半成品入库单，返工品由相应组长处理，报废品由部门统计按《材料报废作业流程》处理。
填写入库单	填写入库单后交IPQC（英文Input Process Quality Control的缩写，是指制程品质控制，即产品生产过程中的品质检验工作）人员确认签名，部门主管核准后移交仓库并办理入库手续。

流程02：成品入库流程

企业的各类物料经过生产现场加工完毕后，成为成品。成品必须经过品质检验，检验合格后应及时入库储存。成品入库流程具体如下表所示。

成品入库流程

流程	流程说明
开具“入库单” ↓	成品入库前由现场物料人员开具“入库单”，注明制造命令、产品名称、编号、规格、数量后，送品质部检验。
检验 ↓	品质部依成品检验规定实施检验工作。
检验结果处理 ↓	检验结果有合格（或允收）、不合格（或拒收）与特采（或让步接收）三种。判定不合格的物品，由品质部在入库单上注明不合格，并开具“不合格通知单”一式两联，第一联由品质部自存，第二联转生产部安排重检作业。

（续表）

流程	流程说明
↓ 入库确认	仓库接到“入库单”后，要对入库单进行确认，具体确认事项包括确认入库单填写完整、内容正确；确认入库的实物与入库单的内容相一致；确认入库的产品包装状态完好。
↓ 登记入账	仓库要划出合适的位置摆放接收的成品，并登记入账，使用电脑系统的仓库要在电脑系统进行账目变更。

第三章 物品搬运管理流程

搬运是仓库日常工作的重要内容。搬运不当容易造成物品破损、丢失，甚至造成人员受伤。因此搬运人员在开展搬运工作时，应按照相关流程进行。例如，在进行物料搬运时，先要确认搬运目的，然后选择搬运方法、搬运工具，搬运结束后要做好搬运记录等，同时搬运人员要小心搬运特殊物品，避免因搬运不当造成危险或损坏物品。

第一节 物品常规搬运流程

物品常规搬运是指物品的日常搬运工作，它主要包括搬运基本流程、特殊物品搬运流程以及合理化搬运实施流程三个部分。搬运人员在日常搬运工作中应按照基本流程进行操作，如遇到特殊物品，则应按照特殊物品的特性进行相应的搬运。同时，搬运要合理，要尽量减少搬运次数、缩短搬运距离。

流程01：物料搬运基本流程

物料搬运基本流程具体如下表所示。

物料搬运基本流程

流程	流程说明
确认搬运目的 ↓	搬运是仓库中最常见的工作，但为了避免出现无效的搬运，应确认搬运的目的。如生产现场需要安排生产工作，发来领料单，仓库就应当按照领料单的要求找好物料，并做好搬运工作，及时向生产现场供料。
选择搬运方法 ↓	搬运是一项很专业的工作，必须视情况选择相应的搬运方法，如机械搬运法、人工搬运法等。
选择搬运工具 ↓	应视具体情况选择相应的搬运工具，如搬运较重及较多的物料选用电动叉车，而较轻且较少的物料则选用手动叉车。

（续表）

流程	流程说明
↓ 做好搬运相关记录	搬运工作结束后，要做好相关记录，如某个货架的物料被搬走后，要在该货架相关账目上进行更改，以防弄错。

流程02：特殊物品搬运流程

特殊物品是指那些具有特殊的物理性、化学性、工艺性以及其他方面特性的物品，在搬运时需要按特殊要求进行。这些物品包括各类危险品，如汽油、橡胶水、炸药、压缩气体、液化气体等；剧毒品，如农药，腐蚀品，如硫酸等。特殊物品搬运流程具体如下表所示。

特殊物品搬运流程

流程	流程说明
特殊物品的搬运要点 ↓	对特殊物品的搬运要格外慎重，必要时专门处理。下面介绍的一些方法仅供参考： （1）搬运人员方面：确保人员技术熟练、经过专门培训、体检合格。 （2）搬运班组方面：由挑选的合格人员组成，并指定具体负责人，明确职责。 （3）配备合格的专用工具，如油罐车、冷藏车。 （4）作业中要严格执行作业标准和有关要求，如有必要，有些搬运操作应在技术专家的全程监督下完成。
特殊物品的搬运器具选择 ↓	对特殊物品的搬运器具要慎重选择，如果选择错误，将直接威胁到搬运的有效性和搬运品质。如内装瓷器、陶器、玻璃器皿的包装箱不能使用防爆叉车码垛，使用防爆叉车码垛时钢瓶应平卧放置，安全帽朝向一方，底层垫牢。
搬运检查	化学品、剧毒品等特殊物品具有很高的危险性，因此，仓管经理要经常开展搬运检查，检查搬运作业人员是否如实按照搬运规程进行作业，各项搬运用具是否完好。对检查中发现的问题要及时整改。

流程03：合理化搬运实施流程

合理化搬运是指采用最合理的搬运工具、搬运方法、搬运路径等开展搬运工作，减少无效搬运次数。合理化搬运实施流程具体如下表所示。

合理化搬运实施流程

流程	流程说明
明确合理化搬运的衡量准则	合理化搬运的衡量准则包括尽可能地减少人力、设备、器械、工具等的投入，保证被搬运物品无损耗，搬运方法科学、文明，搬运环境安全、适当。
↓ 减少搬运次数	减少暂时放置的发生机会，尽可能实现搬运一次到位。暂时放置是增加搬运次数的首要原因。由于暂时放置，容易忘记导致搬运的混乱，还会增加搬运次数。
↓ 缩短搬运距离	合理规划工厂布局，可以有效缩短搬运距离。在工厂布局已经确定的情况下，合理规划流程、及时制订搬运计划，可以缩短搬运距离。
↓ 提高作业的机械化和自动化水平	（1）使用先进的搬运设备和搬运技术。 （2）实现装卸作业的省力化和机械化，在有条件的情况下利用重力式移动货架，可减轻劳动强度和能量的消耗。 （3）推广组合化装卸搬运，将物料以托盘、集装箱、集装袋为单位进行组合后进行装卸，实施集装处理。

第二节　搬运人员管理流程

搬运人员是各项搬运工作的实际操作者，仓库也应按照相关流程做好对搬运人员的管理，如日常管理、培训管理等，同时也应按照流程编制好《搬运作业指导书》，供搬运人员在工作中参照使用。

流程01：搬运人员日常管理流程

搬运人员日常管理流程具体如下表所示。

搬运人员日常管理流程

流程	流程说明
制定《搬运作业指导书》 ↓	搬运工作需要现场人员来进行操作。制定《搬运作业指导书》可以使其明确获知搬运工作的要点以及注意事项，以尽力提升操作效率，保障安全。

（续表）

流程	流程说明
培训	按照《搬运作业指导书》的要求，对搬运人员进行不间断的培训，以提高搬运人员的操作技能水平。
监督	在搬运人员日常作业过程中，现场各级主管都应做好监督工作，监督员工按照《搬运作业指导书》进行作业，遇到不符合的员工，要及时指导其改正。
考核	通过日常考核，了解搬运人员对搬运工作要点的掌握程度。对考核不合格的搬运人员，要协助其进行改正。

流程02：搬运人员培训流程

搬运人员培训流程具体如下表所示。

搬运人员培训流程

流程	流程说明
明确培训的目的	正确的搬运能够有效保护搬运人员的身体和物料，而错误的搬运则往往会对二者造成损伤。搬运培训的目的就是要让其了解搬运的各项要点，避免犯下错误。
制订培训计划	仓管经理应与人力资源部协作，制订详细的培训计划。制订计划时要注意将培训安排在仓库搬运作业不太忙的时候。
实施培训	培训的方法很多，有理论授课式、现场指导式和现场演练式，具体如下： （1）理论授课式是指以《搬运作业指导书》等搬运资料作为培训参考资料，通过课堂授课的方式，向员工传授搬运的各项要领。 （2）现场指导式是指由富有经验的搬运人员在仓库现场对员工进行指导。 （3）现场演练式是指由搬运人员在现场亲自进行搬运作业，通过演练掌握搬运要领。
考核	培训后必须对搬运人员进行考核，以检查搬运人员对搬运工作的掌握程度： （1）对考核成绩优秀的搬运人员要提出表扬。 （2）对考核成绩不达标的搬运人员应安排再次培训，以使其完全掌握搬运要领。

流程03：《搬运作业指导书》编制流程

《搬运作业指导书》是对搬运工作进行全面指导的重要文件，其对搬运设备的使用方法、搬运方式、搬运注意事项等都会作出明确的规定，使搬运人员按照其要求开展搬运工作。《搬运作业指导书》编制流程具体如下表所示。

《搬运作业指导书》编制流程

流程	流程说明
明确编制目的	编制《搬运作业指导书》的目的是为仓库作业人员实施搬运作业提供了指导和依据。
明确适用范围	《搬运作业指导书》适合于所有在仓库内的搬运和装卸作业，也包括企业外部人员在企业仓库内部进行的搬运和装卸作业。
编制内容	《搬运作业指导书》的主要内容具体包括搬运人员的职责，搬运设备、工具的使用方法，搬运方式的选择要求，搬运过程中的注意事项，搬运事故处理方法，装载物品的方法，卸下物品的方法，物品堆放方法，特种物品搬运方法和适当的图示指引。
审核	《搬运作业指导书》编制完毕后，应由仓管经理、企业总经理进行审核。如果审核未通过，则应进行修改，若审核通过，则可以颁布实施。
修订	在搬运作业过程中，可能会不断出现一些新情况，因此要定期对《搬运作业指导书》进行修订，使其符合现场作业的具体要求。

第四章　日常储存与库存管理流程

各级仓管人员要严格按照相关流程做好对仓库的日常储存管理工作，确保各类物品的储存安全，同时严格控制呆废料的产生，并采用各类不同的方法，如ABC分析法、复仓法等方法做好库存控制，避免库存过多或过少等现象的发生。

第一节　日常储存管理流程

日常储存管理是指在日常工作中对仓库中各类物品的管理。日常储存管理工作不到位很容易导致物品的损坏、丢失或被盗，因此，各级仓管人员应在物品保管、物料仓库间调拨、金属物品防锈、金属物品除锈、物品盘点、物品定期检验等日常工作中按照相关流程做好保管工作，确保物品的质量。

流程01：物品保管基本流程

仓库中储存着大量物品，如各类物料、半成品、成品等，因此必须做好对其的保管工作，确保所有在仓库中储存的物品完好无损。物品保管基本流程具体如下表所示。

物品保管基本流程

流程	流程说明
明确保管人员的职责 ↓	为加强物品保管，首先就是要明确仓管人员的职责，提高其责任意识，这是确保物品保管安全的基本要求。
分类存放 ↓	物品的储存保管，原则上应以物品的属性、特点和用途进行分类存放，如划出专门的物料区和成品区、半成品区等。
科学堆放 ↓	物品堆放的基本原则是：在堆垛合理、安全、可靠的前提下，推行五五堆放法；根据货物特点，必须做到过目见数，检点方便，成行成列，排放整齐。

（续表）

流程	流程说明
保持通道畅通	仓库中各条通道设计应合理，并留有适宜的包装或开包检查场地，平常应保持通道畅通。
加强保管	保管物品要根据其自然属性，考虑储存的场所和保管常识处理，加强保管措施，达到“十不”要求，务必使财产不发生保管责任损失。同类物品堆放时，要考虑先进先出，发货方便，留有回旋余地。
加强检验	仓管人员必须对库存的各类物品进行定期或不定期的检验，以确保物品得到有效保管。

流程02：物料仓库间调拨管理流程

物料仓库间调拨管理流程具体如下表所示。

物料仓库间调拨管理流程

流程	流程说明
填写“物料调拨单”	企业可能有多个仓库用来储存物料，因每个仓库所处位置不同，当一个仓库物料不足，而它所供应的生产车间又需要用料时，就有必要进行物料调拨工作，这一般是由调入仓管经理填写物料调拨单，向调出仓库提出申请。
审核	调出仓管经理接收到调入仓管经理的通知后，要及时审核要求，如果要求不合理，应与调入仓管经理进行协商，以对调拨单进行适当更改。
调拨	如果审核通过，调出仓主管应按照调拨单的要求及时准备好相关物料，并安排相关仓管人员发送给调入仓。
登账记录	对本仓库物料的变动情况进行登账，并做好记录工作。

流程03：金属物品防锈流程

金属物品是指具有铁、铝等金属特性的物品，如含金属的物料、成品，各类刀具、磨具等。金属物品容易出现锈蚀，仓管人员必须做好防锈工作，避免因为出现锈蚀对其造成损害。金属物品防锈流程具体如下表所示。

金属物品防锈流程

流程	流程说明
控制存储环境	应尽可能选择远离有害气体和粉尘的库房，远离酸、碱、盐类物质或气体。储存场所需具有良好的排水系统，货场要用碎石或炉灰垫平，以增强地面表层的透水性，保持库区的干燥。
↓ 进行入库检查	在其入库时，要进行严格检查，并对金属物品表面进行清理，清除水迹、油污、泥灰等脏物。对于已经有锈迹的，要立即除锈。
↓ 合理堆码及苫垫	（1）采用合理的堆垛及苫垫方法，也可以有效地减小金属锈蚀的概率。 （2）堆放金属物品时要垫高垛底，并保证垛底的通风及干燥，从而使物品免受地面湿气的影响。 （3）对不同的金属物品应采用不同的存放方法，不同种类的金属物品存放于同一地点时，必须有一定的间隔距离，以防止因接触而发生腐蚀。
↓ 控制仓库的湿度	相对湿度在60%以下，就可以防止金属制品表面凝结水分、生成电解液层而遭受电化学腐蚀。但由于相对湿度60%以下较难达到，一般库房可以将其控制在65%～70%。
↓ 进行定期检验	对库存金属物品应定期检验，以确保其品质正常。

流程04：金属物品除锈流程

金属物品一旦出现锈蚀，应当及时除锈，以保障其品质。金属物品除锈流程具体如下表所示。

金属物品除锈流程

流程	流程说明
除油污	先检查金属物品表面是否存在油污，如有油污，要及时清除干净，以免影响除锈效果。
↓ 除锈	清除金属表面的锈蚀或杂物，具体方法如下： （1）手工法，如用钢丝刷擦除，用纱布直接擦拭等。 （2）机械法，如抛光法，用软质的棉布、帆布等制成抛光轮，利用电机带动，在高速旋转下，将锈除去。 （3）化学法，它是利用能够溶解锈蚀物的化学品，除去金属制品表面锈迹的方法，如使用有机溶剂等。
↓ 擦净	除锈完毕后，要及时将金属物品擦净。如果是用化学法除锈，还应用清水冲洗干净。
↓ 保存	有些金属物品不能裸露，应将其包裹起来放置，以避免再次锈蚀。

流程05：物品盘点准备工作流程

盘点是指定期或不定期对库存物品的实际数量进行清查、清点的作业，即为了掌握物品的流动情况（入库、在库、出库的流动状况），对仓库现有物品的实际数量与保管账上记录的数量相核对，以便准确地掌握库存数量。物品盘点准备工作流程具体如下表所示。

物品盘点准备工作流程

流程	流程说明
明确划定盘点周期	盘点的方式不同，需要划定的盘点周期也不尽相同，有些物品可能需要每月盘点一次，如贵重物品；有些物品可能一年才盘点一次。这需要视盘点的具体情况而定。
↓ 制订盘点计划	根据仓库管理及生产的需要，仓管经理需要制订一个盘点计划，对盘点工作所涉及的各类事宜做好安排，如人员安排，设备安排等。
↓ 开展盘点培训 ↓	为使盘点工作顺利进行，每当定期盘点时，可能需要抽调人手增援。对于从各部门抽调来的人手，仓管经理必须加以组织分配，并进行短期的培训，使每一位人员在盘点工作中确实能够彻底了解并担当好其应尽的责任。

（续表）

流程	流程说明
↓ 校正度量仪器	盘点过程中会用到一些度量仪器，盘点之前，必须做好这些仪器的校正工作。
↓ 盘点前清理	盘点前仓库的清理工作主要包括： （1）盘点之前，生产线必须做好退料工作，以使仓库掌握最全面的物品库存情况。 （2）供应商所交来的物品还没办完验收手续的，不属于本企业的物品，所有权应为供应商所有，必须与企业的物品分开，避免混淆。 （3）已验收完成的物品应即时整理归仓。

流程06：物品盘点作业流程

物品盘点作业流程具体如下表所示。

物品盘点作业流程

流程	流程说明
初盘	（1）各初盘小组在负责人带领下进入盘点区域，至少每两人一组，在仓管人员引导下进行各项物品的清点工作。 （2）初盘人员在清点物品后，填写盘点，做到一物一卡。 （3）盘点卡一式三联，一联贴于物品上，两联转交复盘人员。 （4）初盘负责人组织专人根据盘点卡资料，填写盘点清册，将物品盘点卡资料填入。盘点清册 式二联，一联存被盘仓库，另两联交复盘人员。
↓ 复盘	（1）初盘结束后，复盘人员在各负责人带领下进入盘点区域，在仓管人员及初盘人员的引导下进行物品复盘工作。 （2）复盘可采用100%复盘，也可采用抽盘，由企业盘点领导小组确定，但复盘比例不可低于30%。 （3）复盘人员根据实际状况，可采用由账至物的抽盘或由物至账的抽盘作业。 （4）复盘人员将两联盘点卡及两联盘点清册一并上交财务部。
↓ 统计盘点结果 ↓	复盘作业结束后，要及时统计盘点结果，与库存账目进行核对。

（续表）

流程	流程说明
调查盘点差异	盘点所得资料与账目核对结果，如发现账物不符的现象，仓管经理应追查原因，如是否因为盘点人员不慎多盘而造成错误的现象等。
处理盘点差异	（1）对料账、物品管制卡的账面纠正。 （2）不足料迅速办理订购。 （3）呆料、废料迅速处理。 （4）加强整理、整顿、清扫、清洁工作。

流程07：在库物品定期检验流程

有些库存成品因为滞销会长时间储存在仓库，有些物料也可能因为长期不使用，而堆积在仓库，这些都是企业的重要财产，仓管人员都要进行定期检验，确保这些物品的储存品质。在库物品定期检验流程具体如下表所示。

在库物品定期检验流程

流程	流程说明
确定检验周期	（1）检验工作首先要确定检验日期，如每三个月检验一次。 （2）确定检验周期要根据物品各自的特性决定，并确保具体检验日期在其保质期之前。
通知品质部门	仓管人员应提前与品质部门取得联系，如在检验日期前一天与品质部门取得联系，使其有时间安排品质检验。
实施检验	由品质部门对需要检验的物料和成品进行检验，最常用的检验方式是抽样检验，即在同一区位物品中抽出部分物品进行检验。
检验结果处理	（1）检验后确认合格的，可继续存放，维持现状。 （2）检验后发现问题的，要对样品所在区位的同类型物品进行全面检验，以确认品质问题的严重性程度，以便做不同处理。如对品质问题特别严重，已无法使用的在库物品，要及时做废弃处理，同时要追究相关人员的责任。 （3）检验过程中发现储存环境存在问题或包装破损等情况，要及时进行解决。
记录存档	检验工作结束后，必须完整记录检验情况，同时出具检验报告，并存档。

流程08：物品档案管理流程

物品档案是反映物品从入库、储存及出库的所有变化的文件资料。做好物品档案管理工作能够有效地追踪物品的去向。物品档案管理流程具体如下表所示。

物品档案管理流程

流程	流程说明
收集档案资料	为了建立完善的物品档案，仓管人员需要收集的资料具体包括以下几种： （1）物品入库时的资料，如物品技术证明、合格证、装箱单、发货明细表等。 （2）物品验收入库时的资料，如入库通知单、验收记录、磅码单、技术检验报告等。 （3）物品保管时的资料，包括物品入库保管期间的检查、保养、损益、变动等情况的记录。 （4）物品出库时的资料，如“领料单”、“出库单”、“调拨单”等。
↓ 建立并保管档案	在物品入库后，应该收集入库时的资料，建立物品档案，并对其进行管理。
↓ 对档案统一编号	为了防止档案的丢失，并方便查阅，保管时应将物品档案进行统一编号。
↓ 确定资料的保管期	为了加强对档案中资料的保管，仓管员要根据实际情况确定资料的保管期限。其中有些资料，如库区物品储存保管的试验资料，应长期保留。
↓ 及时更新资料	物品在仓库的情况会不断发生变化，因此，必须及时更新资料，使其记录始终保持在最新的状态。

第二节　呆废料的管理流程

呆废料都是难以用于正常生产的物料，既占用企业的资金，又占用仓库的储存区域，因此，企业应当做好分析工作，找出呆废料产生的原因，并在日常工作中采取各项措施，严格避免呆废料的产生。同时，呆废料一旦产生，就应当按照相关流程，做好处理工作，尽量从呆废料中获得更多“剩余价值”。

流程01：呆料预防流程

呆料即物料存量过多，耗用量极少，而库存周转率极低的物料，这种物料只是偶尔耗用少许，甚至有根本不再动用的可能。呆料预防流程如下表所示。

呆料预防流程

流程	流程说明
呆料的分析	呆料为可用物料，没有丧失物料原来的特性和功能，只是呆置在仓库中很少动用。
研发控制	物料的采购需要根据产品的具体结构进行，而产品的结构往往是由研发部门决定。产品设计不良会直接导致采购的物料陷入无用的情况，因此企业加强设计人员的能力，减少设计错误的机会，同时设计力求完整，设计完成后先经过完整的试验，才能大批订购材料。
采购控制	呆料首先是由于采购不当造成的。采购人员采购过多，造成物料无法得到有效使用，从而大量积存。要预防呆料的产生，企业首先要减少物料的不当请购、订购，引进先进的物料采购系统，如MRP系统，加强物料的采购管理，以最大限度地减少呆料。
品质控制	物料验收时，品质检验人员要强化进料检验并彻底执行，加强检验仪器的精良化，减少物料“鱼目混珠”的机会，消灭不良物料入库的机会。
计划与生产控制	企业要加强产销的协调，增加生产计划的稳定性，对紧急订单妥善处理。如此可减少呆料的产生。生产计划的拟订应合乎现状。若生产计划错误而造成备料错误，自会产生呆料。生产线加强发料、退料的管理，则生产线上的呆料自然会减少。新旧产品更替，生产计划应十分周密，以防止旧材料变成呆料。
仓库控制	所有的物料最终都会储存在仓库中，因此仓库是预防呆料的最后一关。仓库应对物料存量加以控制，勿使存量过多，强化仓储管理，加强账物的一致性，以减少呆料发生的机会。

流程02：呆料处理流程

呆料也是企业的重要资产，仍然具有利用价值，因此仓管人员要做好处理工作。呆料处理流程具体如下表所示。

呆料处理流程

流程	流程说明
呆料的确认	通常是根据其最后异动日（该物料最近一次进出日期）判断，当其最后异动日至盘查日期的间隔日期超过180天时，仓库就可以通过填写“半年无异动呆料明细表”，报请仓管人员审批，将其确认为呆料。
↓ 呆料的处理	（1）修改再利用。既成呆料，利用机会就少，有时将呆料在规格上稍加修改，就能够得以利用。 （2）借新产品设计时推出，消化库存的呆料。 （3）打折出售给原来的供应商。 （4）与其他企业用以物易物的方式相互交换处理。 （5）破坏焚毁。对于无法出售、交换、调拨再利用的呆料，可作废料处理，宜以物品的类别分别考虑破毁、焚毁或掩埋。
↓ 呆料处理跟催	应跟催呆料的处理情况，并做好跟催记录。

流程03：废料预防流程

废料是指不再具有使用价值的物料，无法用于再生产的物料，主要包括损坏料、边角料和旧料三类。企业应从各个方面采取措施，预防废料的发生，减少企业损失。废料预防流程如下表所示。

废料预防流程

流程	流程说明
明确废料产生的原因	废料包括损坏料、边角料和旧料。损坏料是指因保管不当导致物料发霉、腐蚀、生锈造成废料；边角料是指生产过程中产生的无法再利用的碎料；旧料是指库存时间过久而失去使用价值的呆料。
↓ 控制损坏料	企业应当做好仓库环境的清洁卫生、温湿度调节工作，预防虫咬、霉腐、锈蚀等现象的发生，减少物料的损坏。
↓ 控制边角料 ↓	企业要提高对物料的使用效率，尽量减少产生边角料，同时对机器设备定期作保养与维护，以减少机器的报废而产生废料。

（续表）

流程	流程说明
↓ 控制旧料	企业应建立物料的先进先出收发制度，以免堆积过久而成为陈腐报废的物料。

流程04：废料处理流程

废料处理流程具体如下表所示。

废料处理流程

流程	流程说明
整理废料 ↓	各工作场所应放置废料桶，便于工作人员随时存放并便于一次搬运。各工作场所当日产生的废料，应于当日搬往各规定的废料存放区。仓管人员在收到各部门的废旧物料时，应进行登记，并注明废旧物料名称、签收数量，逐月按各部实交废旧物料汇总数量。
处理废料 ↓	在规模较小的企业，当废料积累到一定程度时应作出售处理。在规模较大的企业，可将废料集中一处并从事物料解体的工作。将解体后的物料分类处理： （1）废料解体后，其中有许多可移作他用的物料，如胶管、机械零件、电子零件等可以重新利用。 （2）废料解体后，其中仍有残料，如钢条、钢片等可做残料利用。 （3）废料解体后，所剩余的废料应小心分类，将钢料、铝、铅、铜、塑胶等适当分类。若可重新回炉，则送企业再加工。分类后的废料按适当的价格向废品回收机构出售，废料分类可卖得较高的价钱。
废料处理跟催 ↓	应跟催废料的处理情况，并做好跟催记录。
记录存档	废料处理好后，同时做好档案资料，如废料处理清单、废料处理报告单等，以备日后查询。

第三节　库存管理流程

合理的库存有利于企业的正常生产工作，但过多或过少的库存都会影响企业的正常生产。因此，企业应当灵活运用各种有效的方法，如ABC分析法、复仓法、定量订货法等，控制好库存，使其保持在适当的水平。

流程01：ABC分析法的应用流程

ABC分析法的应用流程具体如下表所示。

ABC分析法的应用流程

流程	流程说明
计算物料资金占用比率	按一定标准，如储备占用资金的多少，将库存物料按顺序排列，计算出每种物料的资金占全部库存物料的比率，并依次逐项进行累积，相应地求出累积项数占总项数的百分比。
↓ 将全部物料分为ABC三类	将全部库存物料分为A、B、C三类，A类物料项数约为10%，所占资金约为70%；C类物料项数约为70%，所占资金约为10%；其余为B类物料，其项数与所占资金均为20%。
↓ 绘制ABC分析图	以累积品种百分数为横坐标，累计占用资金百分比为纵坐标，按ABC分析列示的对应关系，在坐标图上取点，并联结各点成曲线，即绘成ABC分析图。

流程02：复仓法运作流程

复仓法也被称作“双箱法”、“两箱法”。复仓法是一种订购系统，运用两个箱子来掌控库存与订购作业，简而言之，当第一个箱子里的物料耗尽的时候，就是开始订购的时间点，不会因第一个箱子的物料耗尽而造成缺货，因尚有第二箱备用。复仓法运作流程具体如下表所示。

复仓法运作流程

流程	流程说明
明确适应对象	复仓法适用于ABC三类物料中的C类物料，因为其所占价值较小，数量较大，采用复仓法能够最大限度地节省人力。
准备储存箱	为物料准备两个储存箱。每个储存箱的容量应刚好或略多于一次生产所需要的数量。
开始订货	当一个储存箱的物料使用完毕，而另一箱物料投入使用前，立刻开始订购。订购必须非常及时，确保在第二箱物料使用完毕前，前一个储存箱的物料能够准备完毕。然后进行不断的往复作业。
适时变更	一旦生产工艺发生变化，一次生产的物料需求量增大或减小，仓管经理应视具体情况对物料储存箱进行更换，使之适应新的生产方式。

流程03：定量订货法运作流程

定量订货法是指当存量达到某一基准（订购点）时，便开始发出请购单以着手补充库存量的方法，它的特征是订购量一定而请购时期不一定。定量订货法运作流程具体如下表所示。

定量订货法运作流程

流程	流程说明
明确适用范围	定量订货法适用于生产需求稳定、价格较便宜、用量不大的物料，不适合需求量变动大的项目，因为需要量变动很大的项目，很难多次重新设定订货点、订货量，因此无法实际运用。同时对季节性变动很大的项目，同样也不适用。
求得平均每天消耗量	按物料的消耗实际，求得单位期间的消耗量（1个月），从而得出平均每天的消耗量。

（续表）

流程	流程说明
↓ 确定订货前置时间	考虑供应商生产周期（备料、生产）、运输时间、验收时间等，确定订货前置时间（订货周期）。
↓ 设定安全库存量	考虑平均每天的消耗量及紧急订货周期（订货至到货），设定安全存量（最小库存量）。 安全存量=紧急订货周期（天）×每天消耗量
↓ 设定订货点	考虑平均每天的消耗量、订货周期、安全存量，确定订货点。一旦物料到达订货点，就应当开展采购工作。 订货点=正常订货周期（天）×每天消耗量+安全存量

第五章　物品出库管理流程

物品出库管理是物流与仓储管理的重要组成部分，良好的出库管理能够及时为生产部门供应生产所需的物料，或者为客户发送产品。因此，各级仓管人员应当按照相关流程做好各项出库管理工作，确保物料和产品准确地发出。

第一节　物料出库流程

当生产部门开展生产工作时，就需要使用大量物料。领料人员要及时到仓库领取物料，而仓管人员要做好备料工作，并严格核对领料凭证，根据凭证要求发放物料，确保物料出库顺利进行。

流程01：发料作业流程

发料作业流程具体如下表所示。

发料作业流程

流程	流程说明
填写“领料单” ↓	车间领料员按每天生产所需领用物料，并认真填写“领料单”，填写时应字迹清晰，并不得涂改。
审核 ↓	领料部门主管对“领料单”进行审核并签字。
核对 ↓	仓管人员核对所领物料是否有库存，在发料处签字，并填写实际单价和物料编号。

（续表）

流程	流程说明
↓审批	审批部门审核领料部门的领料是否符合消耗定额和相关计划等，并在实领栏中填写实领数（大写）。
↓发料	仓库按有效领料单进行发料。
↓调整相关账目	发料结束后，应及时在计算机系统中调整物料相关账目，确保料、账统一。

流程02：超额领料作业流程

超额领料是指当领料人员按照常规领料程序所领取的物料无法满足生产所需时，额外进行领取物料的行为。超额领料作业流程具体如下表所示。

超额领料作业流程

流程	流程说明
报告	车间现场按正常领料手续领取了物料，但使用后发现存在物料不足，需要增加物料供应。此时车间管理人员需要提出“超额领料申请报告”，报告中需要列明超额领料的原因、相关说明事项等。
↓审核	由相关仓管人员，如生产主管、仓管经理等，对“超额领料报告”进行审核，确认该报告所指情况是否合理，若合理，则可以安排超额领料。
↓发料	仓库根据得到批准的超额领料报告向车间仓库现场发放物料。
↓登账记录	物料发放完毕后，应及时在电脑系统中调整其账目，如库存数量、金额等，确保料、账相符。同时对超额领料的情况要做好记录。

流程03：备料作业流程

备料是指准备物料，即当仓管人员接到物料出库凭证，如“领料单”、“生产指令单”、“物料调拨单”等，按照单据要求及时准备物料。备料必须快速、准确，否则一旦出现延迟就会影响到后续工作的开展。备料作业流程具体如下表所示。

备料作业流程

流程	流程说明
确定备料种类及数量	要根据“领料单”等单据，迅速、准确地计算出备料的种类及具体数量。
↓ 取料	（1）根据确定的备料种类及数量，找到其货架，分类取出，并存放好。 （2）取料时应注意按照先进先出的原则拿取。
↓ 集中放置	找出所有物料之后，要将其集中放置，方便生产工作开始时进行拿取。同时要为每类物料做好标记，防止取用顺序错误。
↓ 等待领料或发料	一切准备完毕后，等到生产工作开始后，就要及时发料或由车间领料员亲自领料。

第二节　成品出库流程

仓库接到成品出库通知，如“出货通知单”等后，要做好出库的准备工作，清理出货区域，并按流程做好出库管理工作。同时，一旦出库后发生问题，如规格混串、数量不符等，仓管人员要针对具体问题具体分析，并按流程采取相应措施，及时解决问题。

流程01：成品出库准备流程

成品出库必须做好准备工作，以保障出库工作顺利开展。成品出库准备流程具体如下表所示。

成品出库准备流程

流程	流程说明
接收“出货通知单”	当需要出货时，一般由销售部门发出“出货通知单”，通知仓库做好出货准备。
审核	仓管经理收到“出货通知单”后，要对其进行审核，确认无问题才能签字确认，安排发货。若有问题，应查找原因，并与销售部做好沟通工作，以对“通知单”进行必要的修改。
清理出货区域	应对出货区域进行整理、整顿，腾出出货存放位置。
备货	（1）按照“出货通知单”的要求进行备货，即将其取出后，清点好数量，并分类存放。 （2）取货时要注意仔细查看货品的外包装，是否有破损、污渍等情况，如果有，则要及时更换。

流程02：成品出库作业流程

成品出库作业流程具体如下表所示。

成品出库作业流程

流程	流程说明
做好准备	仓库接到销售部的“出货通知单”以后，就及时做好成品出库的准备工作，将要出的货品分类堆放在特定区域。
复查	（1）如果是客户亲自前来提货，则会现场对货品进行复查，复查内容包括货品数量、外包装等。 （2）如果是由企业直接向客户发货，发货之前，也应对货品进行复查，以确保无误。
发货	（1）由仓管经理在“出货通知单”上签字，确认货品可以出库。 （2）由仓管人员安排货品装车，贴上封条，并关好车辆大门。

（续表）

流程	流程说明
↓ 登账记录	应及时在电脑系统中对货品的库存情况进行相应更改。

流程03：成品出库问题处理流程

成品出库过程中可能会出现问题，如凭证问题等。成品出库问题处理流程具体如下表所示。

成品出库问题处理流程

流程	流程说明
报告 ↓	无论哪一级人员，只要发现问题，就应当及时报告给仓管经理或其他具有处置权限的管理人员。
出库时问题处理 ↓	（1）出库凭证“提货单”异常处理措施。凡发现出库凭证有疑点，以及出库凭证发现有假冒、复制或涂改等情况时，应及时与仓库保卫部门以及出具出库单的部门联系，妥善进行处理。 （2）若出现提货数量与物品实存数不符的情况，如果是实存数小于提货数，此时要及时停止发货，重新核算清楚后才能允许发货。
出库后问题处理 ↓	（1）在发货出库后，若有客户反映规格混串、数量不符等问题，如确属发货差错，应予纠正、致歉；如不属发货差错，应耐心向客户解释清楚，请客户另行查找。 （2）凡属产品的内在品质问题，客户要求退货或换货，应由质检部门出具检查证明、试验记录，经物品主管部门同意，方可退货或换货。 （3）退货或换货产品必须达到验收入库的标准，否则不能入库。
做好处理记录	无论是出库时还是出库后问题的处理，都要做好处理记录，以作为改进工作的资料。

第六章　仓储物流管理流程

仓储物流是指企业向客户发送货物的过程。当销售部发来出货通知单后，仓库就要安排发货，运输人员要按照相关流程，做好货物的装车、运输、卸货等一系列工作。

第一节　仓库发货流程

仓库接到发货通知后，就要及时将货物发给客户。运输人员在进行货物配送过程中，应当按照相关流程进行，确保货物保质保量同时准时地送到客户手中。

流程01：仓库发货基本流程

发货是指仓库根据销售部的要求将需要发给客户的货品及时发去，保障销售工作的顺利进行。仓库发货基本流程具体如下表所示。

仓库发货基本流程

流程	流程说明
制定运输方案	仓库根据销售部的发货通知，制定运输方案。
↓ 提货	如需要提货，仓库则开具提货单。运输人员凭“提货单”提货。
↓ 办理手续	装卸专员组织货品装卸，办理各种手续，进行货品运输。
↓ 调整	如果中途发生意外事故，例如道路、天气等原因，运输配送主管根据实际情况调整运输方案。

流程02：货品配送管理流程

货品配送管理流程具体如下表所示。

货品配送管理流程

流程	流程说明
备货	仓库接到销售部门的“出货通知单”后，在相关部门的配合下，完成有关的品质检查、结算、交接等工作，将合格的货品准备好。
储存	仓库在执行配送时，按分拣配货要求，在货场进行少量储存准备，以便于配送作业更有效率地进行。
分拣	仓库根据客户的订货需要或企业的配送计划，迅速从储位或其他地区拣出，并按照一定方式进行分类、集中，等待配装送货。
配装	仓库为了提高送货水平，降低送货成本，在单个客户配送数量不能达到车辆的有效运载负荷时，将向不同客户配送的货物进行集中，并搭配装载以充分利用运能、运力。
配送	仓库运输调度专员选择合适的运输线路，将车辆进行合理调度，保证资源利用的最大化。
接收收货单	货品送到后，由客户检查货品，填写收货单后，整个配送过程才算结束。
记录	做好配送记录，记录内容包括配送人员、配送时间、车辆编号等。

流程03：运输送货管理流程

运输送货是指配送专员对货品的运送过程。配送专员必须做好运输送货工作，保障运输送货安全。运输送货管理流程具体如下表所示。

运输送货管理流程表

流程	流程说明
制订配送计划 ↓	配送专员根据业务情况，制订配送计划，报运输配送主管审批。
制定送货顺序 ↓	配送专员根据具体业务情况，制定送货顺序。通常是重要的客户先发货。
通知客户 ↓	根据送货安排，通知客户，并与客户就具体事项进行沟通。
确定送货顺序与时间 ↓	运输调度专员根据车辆情况，最终确定送货顺序和具体时间。
办理手续	办理相关货品的出库和运输手续。

第二节　单客户与多客户拣选配货流程

无论是单客户还是多客户，仓库都要按照相关流程，以最快的速度为其配好货物，并及时发出。

流程01：单客户拣选式配货流程

单客户拣选式配货是指一次只有一个客户发出提货单时，仓库为客户拣选所需的货品的工作。单客户拣选式配货流程具体如下表所示。

单客户拣选式配货流程

流程	流程说明
确定需拣选的产品 ↓	仓库接到“出货单”后，要对“出货单”进行审核，明确需要拣选的产品。
明确产品存储位置 ↓	仓库在明确需拣选的产品后，参照仓库储位设计原则，进一步明确产品在仓库中的位置。

（续表）

流程	流程说明
↓ 选择最短取货路线	仓库根据订单及确定的待选产品位置，合理设计取货路线，以便最大限度上减少取货时间。
↓ 到各货位分别取货	仓库负责取货人员运用适当的工具，到各个货位上取货。
↓ 更改产品保管卡	仓库负责取货人员在取货结束后，及时更改仓储保管卡，确保保管卡上的信息与实物信息一致。
↓ 将货物放置于备货区	货物取下之后要放置于事先安排好的备货区内，备货区的设置必须方便装车。

流程02：多客户拣选式配货流程表

多客户拣选式配货是指仓库同时接到多个客户发来的提货单，仓库同时为多个客户拣选所需货品的工作。多客户拣选式配货流程具体如下表所示。

多客户拣选式配货流程

流程	流程说明
统计待拣选的产品 ↓	仓库将销售部门的“出货单”进行集中汇总，统计各类待选产品的出货总量。
安排各客户分货位 ↓	仓库合理安排各客户的分货货位。
集中选取产品 ↓	仓库集中取出共同需要的货物。
更改产品保管卡 ↓	仓库负责取货人员在取货结束后，及时更改仓储保管卡。
将货物放置于备货区	货物取下之后要放置于事先安排好的备货区内，备货区的设置必须方便装车。

第七章　仓储安全管理流程

安全是仓储管理的核心要素。不安全的仓储管理容易导致储存物品的丢失、被盗、仓管人员的受伤以及火灾隐患的产生。因此，各级仓管人员应当在日常工作中，按照相关流程做好安全管理工作。

第一节　日常安全管理流程

日常安全管理是指仓库在日常工作中实施的安全管理。日常安全管理工作不到位是物品丢失、被盗等安全问题产生的主要原因。因此，各级仓管人员应当在安全培训、值班、安全作业、安全检查、安全隐患整改等方面做好工作，为仓库的安全管理提供保障。

流程01：日常安全培训流程

日常安全培训流程具体如下表所示。

日常安全培训流程

流程	流程说明
分析员工安全意识薄弱的原因	在开展安全培训之前，要分析员工安全意识薄弱的原因，然后有针对性地开展培训工作，通常员工安全意识薄弱的原因具体如下： （1）对安全教育感到厌倦。有些员工认为生产工作是简单劳动，受不受安全教育不重要。 （2）只是应付安全活动。有的人员认为只要工作中小心一点，事故就不会发生在自己身上。 （3）对安全管理有逆反心理。部分人员产生逆反心理的原因是多方面的，如对员工的“违章”行为处理失当等。
↓ 制订安全培训计划 ↓	仓管人员与人力资源部门一起，结合对员工安全意识薄弱的分析结果，制订有针对性的培训计划，以方便开展培训工作。

（续表）

流程	流程说明
↓ 开展培训工作	培训人员根据培训计划开展培训工作。培训必须有针对性，如对安全教育感到厌倦者培训时采用形式多样的培训方式，如互动、游戏等，以提升员工对培训的重视。
↓ 培训考核	每次培训工作结束后，培训人员都要对受训人员进行考核，以确认受训人员对培训知识的掌握程度，并以考核结果作为制定下次培训的依据。

流程02：仓库值班工作流程

值班是指安排专门的人员对仓库进行安全守卫工作。通过值班，可以防止无关人员进入仓库。仓库值班工作流程具体如下表所示。

仓库值班工作流程

流程	流程说明
明确值班职责 ↓	企业应明确仓库值班工作的具体职责，包括负责库房上下班，加班时的开门、关门，照明、电气等电源的开关等工作。
选择值班人员 ↓	（1）仓库值班人员由各仓管人员担任，如遇请假，需交由其他库房人员代执行。 （2）值班期间由值班人员负责，指定的值班人员履行值班员一切职责，临时值班员需要报主管审批。
开展值班工作 ↓	（1）检查消防通道是否通畅，消防设备是否完好，物品的摆放是否合理，发现不合格项要马上处理。 （2）检查仓库内部是否存在异常状况，是否有无关人员滞留等。 （3）下班时，检查门、窗等是否关闭、上锁，办公设备、照明、电气等电源是否关闭。
记录	值班人员要对值班期间的各项工作做好记录，尤其是检查工作。而仓管经理要经常检查这些记录，确认仓库具体状况。

流程03：仓库安全作业管理流程

仓库的作业非常多，如搬运、货品上架、卸货等。仓库作业必须严格保障安全，仓管人员也要严格按照安全操作规程进行作业，避免出现安全问题。仓库安全作业管理流程具体如下表所示。

仓库安全作业管理流程

流程	流程说明
树立安全作业意识 ↓	为使仓库能安全地进行作业，树立安全作业意识是非常重要的。为此，企业应定期对仓管人员进行安全作业方面的培训，使仓管人员从思想上重视安全作业。
提高员工的操作技能 ↓	可通过提高仓储设备的技术水平，减少手动直接装卸、搬运，更多地采用机械设备和自动控制装置，以提高作业的安全性，有效地降低事故的发生率。因此，要对仓管人员开展岗位培训和定期技能考核，这样既能提高企业的生产效率，又能提高自身劳动的安全。
认真执行安全操作规程	仓库作业的安全操作规程，是经过实践检验、能有效减少事故发生的规范化的作业操作方法。因此，仓管人员应严格执行操作规程，并对不按照安全操作规程的行为进行及时且严厉的阻止。

流程04：仓库安全检查流程

仓库要经常开展安全检查，以确保仓库内部安全。仓库安全检查流程具体如下表所示。

仓库安全检查流程

流程	流程说明
做好检查准备 ↓	首先要做好准备工作，如准备好安全检查表、检查标准等，并做好检查人员安排。
选定检查日期 ↓	选定检查日期时要注意不应选在仓库业务活动忙碌季进行。

（续表）

流程	流程说明
↓ 开展检查工作	（1）检查往期安全检查表的记录是否完整，对记录不完整的要严肃处理。 （2）检查进入库区的外来人员手续是否完整。对进入库区的外部人员，看是否有准入许可证，如果没有要劝其离开。 （3）检查物品的摆放是否符合要求。如发现箱子内有物品的摆放超高，马上找责任人进行整改。
↓ 记录	检查人员要如实记录检查情况，并向仓管人员通告检查结果，依据检查结果开展相应处理工作，如检查工作未达标，则应加强相关工作。

流程05：仓库安全隐患处理流程

安全隐患是指容易引发安全事故的事项，如物品堆放过高、没有防护措施，很容易倾倒砸伤附近的仓管人员，造成安全事故。仓管人员对发现的安全隐患要及时处理，以避免安全事故的发生。仓库安全隐患处理流程具体如下表所示。

仓库安全隐患处理流程

流程	流程说明
发现安全隐患	仓库中发现安全隐患的方式很多，例如员工在日常工作中发现，仓管人员在检查工作中发现等。所有仓库工作人员在日常工作中都应认真留意安全隐患，及时发现，及时报告。
↓ 处理安全隐患	（1）员工在工作中发现安全隐患，要及时通报给仓管人员进行处理。 （2）检查人员在检查工作中发现安全隐患时，视当时隐患严重程度不同，有处置权限的应当场处理，无处置权限的，要立即通报更高一级的管理人员前来处理。
↓ 记录存档	隐患处理完毕后，对隐患的发现、处理等情况要做好记录，并存档，以作为日常安全管理工作的参考资料。

流程06：仓库现场警示标志设置流程

警示标志是指发挥警示作用的标志，如“闲人免进”、“高压危险”等。仓库中应在必要的区域设置警示标志，起到警示作用。仓库现场警示标志设置流程具体如下表所示。

仓库现场警示标志设置流程

流程	流程说明
制作警示标志 ↓	警示标志能以最简短的文字或图样简洁有效地表明警告意图，如在仓库入口处悬挂“闲人免进”标志牌等。
选择设置场所 ↓	应在危险作业区或易于发生危险的场所设置明显的警示标志，如货架顶层、大型搬运设备储存处。
悬挂警示标志 ↓	要将警示标志悬挂到相适应的地方，要注意使警示标志与环境相适应，同时要非常醒目，很容易引起现场作业人员的注意。
检查	仓管经理要经常检查警示标志，发现有损坏的，要立刻修理或更换。如果货位、货架等发生变动，也要调整相关警示标志。

第二节　消防安全管理流程

消防安全管理是安全管理的重中之重。消防安全管理涉及很多工作，如火灾报警、灭火器使用、灭火器检查、火灾扑救、消防培训等。每项工作都应当按照相关流程进行，例如在火灾扑救过程中，要及时灭火，并注意做好疏散工作。

流程01：火灾报警流程

火灾报警流程具体如下表所示。

火灾报警流程

流程	流程说明
通知消防中心 ↓	（1）仓库现场任何人员发现火灾时要使用最快捷的方式通知消防中心，通知时说明火警地点、类型、火势情况，以及自己的姓名、部门、职位。 （2）找不到电话可击碎报警器玻璃或按下手动报警器。 （2）注意通知时尽量保持冷静，以免引起恐慌。

（续表）

流程	流程说明
↓ 拨打119火警电话	如果火势严重，须立刻拨打119火警电话。
↓ 报警后处理	报警后，返回火警发生处并召集火警现场的同事，使用最近而适合的灭火器控制燃烧范围。

流程02：灭火器使用流程

灭火器是最常见的灭火器材，灭火器使用流程具体如下表所示。

灭火器使用流程

流程	流程说明
拉开提环 ↓	可手提筒体上部的提环，迅速奔赴火场。这时应注意不得使灭火器过分倾斜，更不可横拿或颠倒，以免两种药剂混合而提前喷出。
准备 ↓	当距离着火点10米左右，即可将筒体颠倒过来，一只手紧握提环，另一只手扶住筒体的底圈，将射流对准燃烧物。
喷射 ↓	（1）在扑救可燃液体火灾时，如已呈流淌状燃烧，则将泡沫由远而近喷射，使泡沫完全覆盖在燃烧液面上；如在容器内燃烧，应将泡沫射向容器的内壁，使泡沫沿着内壁流淌，逐步覆盖着火液面。 （2）切忌直接对准液面喷射，以免由于射流的冲击，反而将燃烧的液体冲散或冲出容器，扩大燃烧范围。 （3）在扑救固体物质火灾时，应将射流对准燃烧最猛烈处。灭火时随着有效喷射距离的缩短，使用者应逐渐向燃烧区靠近，并始终将泡沫喷在燃烧物上，直到扑灭。
保持倒置	使用时，灭火器应始终保持倒置状态，否则会中断喷射。

流程03：火灾扑救流程

火灾扑救流程具体如下表所示。

火灾扑救流程

流程	流程说明
赶到现场	消防负责人带领消防人员携带灭火器以最快速度到达火警现场。
灭火	（1）消防负责人立即指挥在场人员进行灭火扑救。 （2）坚守火场，控制火势，等待专业消防队的到达。
疏散	指挥火警现场及可能受影响范围内的人员使用消防通道疏散。
火情解除处理	（1）火情解除后，会同消防主管机关，认真勘察现场，收集情况，查明事故原因。 （2）组织有关部门认真总结教训。 （3）记录火警（火险、火灾）全过程，存档。

流程04：仓库火灾后处理工作流程

仓库火灾后处理工作流程具体如下表所示。

仓库火灾后处理工作流程

流程	流程说明
调查火灾原因	（1）通过调查访问，弄清起火前的情况和起火时间。 （2）仔细勘察现场，确定起火地点，搜集物证。 （3）综合分析，确定火灾原因，即把调查访问和现场勘察所获得的各种材料，综合起来进行归纳和推理，找出火灾原因。
火灾损失估算与处理	有关部门协助财务部对火灾损失进行估算。已经办理保险的，报保险公司索赔。如果没有办理保险，则要计入损失项目。
事后处理	（1）对因工作失职引起火灾的人员进行处理，对扑救过程中表现英勇者予以嘉奖。 （2）对消防管理工作中的隐患进行整改。

（续表）

流程	流程说明
↓ 出具处理报告	火灾的处理工作必须出具处理报告，将处理的经过、结果等事项完整地记录下来，并存档。

流程05：消防培训流程

消防培训流程具体如下表所示。

消防培训流程

流程	流程说明
制订培训计划 ↓	计划是行动的前提，因此必须有针对性地做好消防培训计划。
选定授课人 ↓	明确授课人，由人力资源部指派，多为消防管理负责人或当地消防管理部门的仓管人员。
确定地点与实践 ↓	选择授课地点，确定授课时间。
明确培训内容 ↓	明确授课内容：防火知识、灭火常识、火场的自救与救人、灭火的基本方法与原则。
培训考核 ↓	培训结束后，应组织参加人员考核。
记录存档	必须做好相关培训记录，并存档，以作为员工日后绩效考核的重要依据。

第八章　仓库5S管理流程

积极开展5S活动，能够迅速改善仓库的环境，使仓库干净、整洁，既使员工感觉舒适，又有利于仓库日常工作的顺利开展。5S活动涉及多项工作，每项工作都应当按照相关流程进行，只有按流程进行，才能确保5S活动有条不紊。例如在整理工作中，要做好现场检查，然后区分必需品和非必需品，对非必须进行处理，最后还要进行循环整理，以确保5S的质量。

第一节　仓库5S整体管理流程

5S是一项整体活动，要使5S活动顺利开展，仓库必须按流程对其进行整体推进，如确定5S活动目标、组建5S活动推进小组等。同时在活动结束后，还应对其效果实施检查，根据不同的检查结果对相关部门和人员进行处理，以确保活动取得最佳效果。

流程01：仓库5S活动推进流程

仓库5S活动推进流程具体如下表所示。

仓库5S活动推进流程

流程	流程说明
确定5S活动目标 ↓	明确通过5S活动应达到的目的，这是活动的出发点。
组建5S活动推进小组 ↓	这一般是由仓库最高负责人担任组长，下一级管理人员担任小组成员，全面负责仓库5S活动的推进工作。
制定5S活动方针 ↓	由推进小组根据活动目标制定活动方针，将活动的内容通过简洁明了的口号展示出来，加深员工对5S的认识。

（续表）

流程	流程说明
↓ 制订5S活动计划	即按照仓库具体情况，制订5S活动计划。计划制订完毕后，要认真审核，确认其有效性。
↓ 开展活动	即按照活动计划推动仓库全体员工开展5S活动。
↓ 总结	每一阶段的5S活动结束后，都应及时总结其经验教训。

流程02：仓库现场5S检查流程

仓库现场5S检查流程具体如下表所示。

仓库现场5S检查流程

流程	流程说明
制订5S检查表	要根据5S工作具体要求，制订5S检查表。
↓ 制订检查计划	要及时制订5S检查计划，以便按照计划开展检查工作，避免无序的检查干扰正常生产秩序。
↓ 检查	在检查计划规定的日期对5S各个方面进行检查，检查的结果应完整、真实地填入5S检查表中。
↓ 检查结果处理	针对不同的检查结果做不同处理，具体如下： （1）对检查不合格的部门或人员要提出批评，并督促其进行改进。 （2）对检查合格的部门或人员要提出表扬，必要时可将其事例在全公司内作为榜样予以宣讲。 （3）对检查过程中发现的问题，通知相关部门或人员及时整改。
↓ 记录存档	检查工作必须做好记录，并存档。

第二节　仓库5S管理具体流程

5S既需要进行整体推进，其中的每个S，即整理、整顿、清扫、清洁、素养等，又需要按流程单独进行，以确保5S活动取得完整的效果，如开展仓库现场清扫工作，需要实施清扫区域责任制，然后组号准备工作等，最后查明污垢的发生源，从根本上解决污垢问题。

流程01：仓库现场整理流程

仓库现场整理流程具体如下表所示。

仓库现场整理流程

流程	流程说明
现场检查 ↓	对仓库现场进行全面检查，包括看得见和看不见的地方，如设备的内部、文件柜的顶部、货架底部等位置。
区分必需品和非必需品 ↓	整理必需品和清除非必需品同样重要。首先要判断出物品的重要性，然后根据其使用频率决定管理方法。如清除非必需品，用恰当的方法保管必需品，便于寻找和使用。
清理非必需品 ↓	清理非必需品时，掌握的原则是看物品现在有没有使用价值，而不是原来的购买价值，对于没有使用价值的物品，必须处理掉。
非必需品的处理 ↓	对无使用价值的非必需品可以折价变卖或转移为其他用途，如作为训练工具；展示教育。对涉及机密、专利的非必需品，污染环境的非必需品，要收集起来，做特别处理。
每天循环整理	整理是一个长期的过程。现场每天都在变化，昨天的必需品在今天可能是多余的，今天的需要与明天的需求必有所不同，因此整理工作必须循环进行。

流程02：仓库现场整顿流程

仓库现场整顿流程具体如下表所示。

仓库现场整顿流程

流程	流程说明
彻底地进行整理 ↓	彻底地进行整理，只留下必需物品。在工作岗位上只能摆放最低限度的必需物品。正确判断出是个人所需品还是小组共需品。
确定放置位置 ↓	对放在岗位上的哪一个位置比较方便进行研讨。制作一个模型（1∶50），便于布局规划。将经常使用的物品放在作业的最近处。特殊物品、危险品应设置专门场所进行保管。
进行标示	使用不同色的油漆、胶带、地板砖或栅栏划分区域。在摆放物品上进行标示。根据工作需要灵活采用各种标示方法。标签上要标明，一目了然。某些物料、产品要注明储存或搬运的注意事项以及保养时间和方法。暂放物料、产品应挂暂放牌，指明管理责任、时间跨度。

流程03：仓库现场清扫流程

仓库现场清扫流程具体如下表所示。

仓库现场清扫流程

流程	流程说明
实施清扫区域责任制 ↓	对于清扫，应该进行区域划分，实行清扫区域责任制，责任到人，不可存在没人打理的死角。
清扫的准备工作 ↓	清扫前，应准备好必要的清扫用具，如吸尘器、扫帚、清洁剂等。同时清扫前要对员工进行必要的培训，使他们掌握清扫工作要领。
扫除一切垃圾、灰尘 ↓	作业人员动手清扫而非由清洁工代替。清除长年堆积的灰尘、污垢，不留死角。将地板、墙壁、天花板，甚至灯罩的里边打扫干净。

流程	流程说明
↓ 清扫点检机器设备	仔细清扫设备，使设备一尘不染、干干净净。不仅设备本身，连带其附属、辅助设备也要清扫（如分析仪、气管、水槽等）。容易发生跑、冒、滴、漏的部位要重点检查。一边清扫，一边改善设备状况，把设备的清扫与点检、保养、润滑结合起来。
↓ 查明污垢的发生源	即使每天进行清扫，油渍、灰尘和碎屑还是四处遍布，则须查明污垢的发生源，从根本上解决问题；制作污垢发生源的明细清单，按计划逐步改善，从根本上消灭污垢。

流程04：仓库现场清洁流程

仓库现场清洁流程具体如下表所示。

仓库现场清洁流程

流程	流程说明
确定清洁的标准	所谓清洁的标准，包含有三个要素，即干净、高效、安全。在开始时，要对“清洁度”进行检查，制定出详细的明细检查表，以明确“清洁的状态”。
↓ 检查前3S的效果	在清洁开始时，要对“清洁度”进行检查，制定出详细的明细检查表，以明确“清洁的状态”。
↓ 彻底贯彻前3S	必须强化对前3S的管理，督促员工做好前3S工作。
↓ 持续培训现场人员	要对作业人员持续进行培训教育，以加深其对3S的认识，并做好现场的整理、整顿和清扫工作。

流程05：仓库现场素养流程

仓库现场素养流程具体如下表所示。

仓库现场素养流程

流程	流程说明
持续推动4S直至全员成为习惯	通过4S（整理、整顿、清扫、清洁），使其达到工作的最基本要求——素养。所以5S可以理解为：通过谁都能做到的整理、整顿、清扫、清洁，达到最终意义上的“素养”。
↓ 制定相关的规章制度	制定相应的操作规范、行为礼仪及员工守则等，能够保证员工达到最低限度的素养要求。
↓ 教育培训	员工，尤其是新进员工，应及时进行强化教育。
↓ 培养员工的责任感，激发其热情	针对企业中普遍存在的消极思想，必须培养员工对企业及同事的热情和责任感。如多组织开展集体活动，素质拓展等，以增强员工责任感与团队精神。

第四部分

怎样进行物流与仓储专项管理

专项管理主要由专项制度管理、专项表格管理两大部分构成。其中，专项制度则列举了专用的各项仓库管理制度，为仓储工作的顺利开展提供了良好的制度保障。而专项表格则列举了仓储工作中最常用的一些表格，便于在工作中使用。

第一章 仓储规划专项管理

仓储规划做得好，对日常仓储工作的顺利开展具有非常重要的意义，例如规划好仓区，使仓区有明确的标示牌，就可以在日常工作中避免进入错误的仓区。因此，仓库应做好规划工作，为日常仓储工作提供保障。

第一节 仓储规划专项制度管理

制度是规范员工行为或某项工作的带有强制性的文件。制度是管理的基石，没有良好的制度保障，物流与仓储工作难以顺利进行。制度的表现形式很多，有直接称制度的，也有以办法、规定、细则相称的。

仓储规划制度很多，如仓库储存区域划分细则、物料仓储管理规定、仓库设置与标示管理办法等，这些制度主要用于对各项仓储规划工作进行规范，以便仓管人员按照制度要求开展工作。例如仓库设置与标示管理办法对仓储类别、仓储面积分配、储存标示等都做了明确规定，仓管人员在开展该项工作时，应按照其规定进行。

制度01：仓储规划制度

文件名称	仓储规划制度	编号	
		版本	A／0

一、目的

为了使仓库得到合理的规划，使仓库使用最大化，特制定本制度。

二、适用范围

适用于所有存放物料、产品的仓库的规划管理。

三、内容

1．职责

（1）对仓库使用情况进行总体规划，并对仓库规划进行合理安排。

（续表）

（2）根据实际发生情况向仓管经理报告仓库利用情况。 2．了解仓库区域的构成 仓库区域根据其用途不同，可分为储存区、辅助生产区、行政生活区。 3．储存区域规划要求 （1）符合作业流程。仓库储存区域的划分要根据仓库作业的程序，保证货物的装卸、验收、入库、储存、出库、盘点、搬运等相对便利，从而提高仓储作业的效率。 （2）减少搬运距离。仓库储存区域的划分要尽可能减少储存物资及仓库作业人员的运动距离，以提高仓储劳动效率，节约仓储费用。 （3）合理利用空间。仓库储存区域的合理布置要有利于充分利用仓库面积和建筑物的空间，杜绝仓库面积和建筑物空间上的浪费，以提高仓库的利用率和仓库的经济效益。 （4）注重仓库安全。仓库储存区域的合理布置要有利于包括仓储物资、仓储人员、仓储设施和仓储机具在内的整个仓库的安全。 4．确定储货区的布局 （1）确定库房的位置。库房位置的选择要按照其储存物品的吞吐量大小、搬运的复杂程度和安全性质进行。 （2）确定货棚的位置。货棚除了储存部分货物外，还可以作为卸货待检、出库待运的场所。因此，货棚的布置应紧靠库房。如果是站台库房，货棚与库房应连接起来，可起到防雨的作用。 （3）确定货场的位置。货场布置应充分考虑运输专用线的走向，专用线应尽量贯穿货场。同时，应尽量利用行车（用于装卸物资的大型起重设备）的跨度，实行跨线作业，以减少装卸作业环节。 （4）规划库区道路。规划合理的运输及搬运道路，可以减少货物装卸、搬运的时间，并防止出现物资堵塞的现象。要想规划好仓库的道路，规划时必须注意道路要宽广，安排好停车的位置，规划好车辆的运行方向。 5．仓位规划 仓位的布置方法主要有横列式、纵列式与混合式三种： （1）横列式，即货垛或货架与库房平行排列。 （2）纵列式，即货垛或货架与库房垂直排列。 （3）混合式，即横列式与纵列式混合使用的库房布局。 6．布置仓位时需要注意的问题 （1）根据物品的储备定额决定仓位。

（续表）

为了保证物品有足够的空间储存，仓库规划人员需要根据物品储备定额，规划其在仓库中的仓位。对于储备定额量较大的物品，应该规划出较大仓位对其进行存放；对于储备定额量较小的物品，可以适当地规划较小的储存仓位。 （2）根据物品的使用频率确定仓位。 为了加快物品的流转速度，对于那些使用频率较高、周转速度较快的物品，应该将其仓位确定在距离仓库进出口较近处，便于装卸及搬运，而对于那些使用频率低的物品，可以将其仓位确定在仓库的中央。 （3）根据物品的保管要求划分仓位。 为了方便物品的保存及养护，仓库规划人员可以根据物品的保管要求对物品的仓位进行划分，将需要相同的温湿度、保养方法以及灭火方法的物品进行分类保存。 （4）根据物品分类目录规划仓位。 为了便于仓库中储存物品的管理，仓库规划人员可以根据物品的分类目录对其进行仓位的规划。例如，对建筑材料仓库的仓位进行规划时，可以按照储存物品的属性将其分为五金交电水暖类、化工（油漆）铝钢材类、板（木）材建材（包括瓷砖）类、手动工具和机具及配件类、日杂防护劳保用品类，并对其进行分类保存。 **四、附则** （1）本制度由仓库管理部门主持制定，其修改、解释权归仓库管理部门所有。 （2）本制度经总经理批准后，自颁布之日起实施。

编制		审核		批准	

制度02：仓库储存区域划分细则

文件名称	仓库储存区域划分细则	编号	
		版本	A／0

一、目的 为了让仓库的有效区域得到合理的利用，根据仓库作业的需要，将仓库中可储存物品的区域划分为待检区、待处理区、合格品储存区及不合格品隔离区，以达到放置不同状态物品的目的，特制定本细则。

（续表）

二、适用范围 适用于所有仓库储存区域划分的相关事宜。 三、内容 1．待检区 待检区通常是指存放暂时处于检验过程中物品的设置区域。它一般位于仓库入口附近，这样便于进库物品的卸载及检验，该区域以黄色作为标志。 2．待处理区 待处理区是指存放暂时不具备验收条件或品质暂时不能够确认的物品设置区域。它一般位于仓库入口附近与待检区临近，这样便于检验，该区域以白色作为标志。 3．合格物品储存区 合格物品储存区是指保存合格物品的设置区域。它是仓库的主要储存区域，所以位置自然也是最好的，该区域以绿色作为标志。 4．不合格品隔离区 不合格品隔离区是指暂时存放品质不合格物品的设置区域。它在仓库的出口附近，这样便于物品的搬运，该区域以红色作为标志。 四、附则 （1）本细则由仓库管理部门主持制定，其修改、解释权归仓库管理部门所有。 （2）本细则经总经理批准后，自颁布之日起实施。					
编制		审核		批准	

制度03：物料仓储管理规定

文件名称	物料仓储管理规定	编号	
		版本	A／0
一、目的 为规范仓库管理，规定物料仓储管理的基本原则，使之有章可循。 二、适用范围 适用于物料仓储管理的相关事项。			

（续表）

三、内容

1．基本原则

（1）定置原则。仓库设置要根据生产需要和厂房设备条件统筹规划、合理布局。依“仓库定置管理规定”做好仓库规划、物料定位等工作。

（2）暂收原则。从物料到达仓库至完成入库手续这段时间的暂时保管，称为暂收，不列入物料账，一般指外购件或外加工件的暂收。

（3）入库原则。核对“进料检验单”与“订购单”或“制造命令”无误后，方可入库，不合格品不得入库。

（4）保管原则。在指定场所，将暂收品及入库品，按批别分别加以保管，注意按不影响先进先出的原则加以整理。不良品应加以标示，并与良品分离保管（物料标示尽量采用颜色管理）。

（5）存放区分。为了明示物料的位置，应将仓库划分区域并编号标示。将物料的定置图悬挂在仓库醒目位置。

（6）品质保全。为了物料的品质保全，应注意湿度、温度及建筑物的破损，并保持仓库内的清洁，所有物料包装箱不可直接置放于地板上。

（7）出库原则。物料的出库依照先进先出的原则处理。物料出库的手续须符合相关规定，如“领料单”与“制造命令”或“出货通知单”相符。

2．物料验收入库

（1）物料入库，仓管员要亲自同送货人办理交接手续，核对清点物料名称、数量是否一致，并予签收。

（2）物料入库前先入待检区，未经检验合格不准进入仓库，更不准投入使用。

（3）检验合格后，仓管员凭合格报告，并核对入库物料与“订购单”或“制造命令”相符后，办理入库。

（4）入库物料应登记于“存量管制卡”。

（5）不合格品，应隔离堆放，严禁投入使用。

（6）不合格品信息应及时通知生管部和送货单位。

3．储存保管

（1）物料的储存保管，应根据物料的特性和用途规划仓库区域，定置存放管理。

（2）物料堆放应尽量做到过目点数、检点方便，成行成列，整齐易取。

（3）仓管员对库存、代管、暂收的物料，以及设备、容器、工具等均负有保管的直接责任，应做到人各有责，物各有主。

（续表）

（4）物料如有损失、报废、盘盈、盘亏，仓管员应如实上报，由部门主管审批后，方可处理，未经批准一律不准擅自更改账目或处置物料。 （5）物料储存要考虑其特性，注意温度、湿度、通风、照明等条件，保证物料安全和不变质。 （6）物料堆放应考虑先进先出原则，以方便出库。 （7）未经权责主管批准，仓库的物料一律不准擅自借出、拆件零发、私自挪用等。 （8）仓库应防卫严密，慎防盗窃，禁止非本库人员擅自入库，并遵守公司安全规章及“仓库安全管理规定”。 4．出库 （1）应按先进先出、按单办理的原则发料。 （2）“领料单”应填明物料编号、名称、规格、数量和制造命令号码，并有仓管人员的签名。 （3）超领物料应有“物料超领单”且手续齐全，代用物料应有“物料代用申请单”，调拨物料应有“物料调拨单”方可发料。 （4）成品出库须有“销售计划”与“出货通知书”，并经仓管人员审核。 （5）制作样品领用物料或成品，须有仓管人员核准的手续方可。 （6）仓管员发料时应与领料人员办理手续，当面点交清楚，防止出错。 （7）所有发料凭证，仓管员应妥为保管，不得丢失。 **四、附则** （1）本规定由仓库管理部门主持制定，其修改、解释权归仓库管理部门所有。 （2）本规定经总经理批准后，自颁布之日起实施。

编制		审核		批准	

制度04：仓库设置与标示管理办法

文件名称	仓库设置与标示管理办法	编号	
		版本	A／0

一、目的 为规范仓库设置与标示管理，使之合理、高效、安全，并有章可循。

（续表）

二、适用范围

适用于有关仓库设置、区域划分、物料定位、储存方式、物料标示等方面的管理范围。

三、内容

1．仓库设置

（1）仓库类别。

本公司仓库分设原料仓库、半成品仓库、成品仓库及物品仓库四类：

①原料仓库储存从外部购买的、直接用于产品生产使用的各种原材料、零配件等物料，如纸箱、塑胶袋等；

②半成品仓库储存内部作业过程中的各类半成品、零组件等物料，同时也储存委外加工的半成品、零组件等物料，如塑胶制品、电镀品、涂装品等；

③成品仓库储存已经全部加工完成等待出货的成品；

④物品仓库储存各种非直接用于产品生产使用的辅助物品，如工具、劳保用品、办公用品、擦拭剂等。

（2）仓储面积分配。

根据下述原则对各类仓库的面积进行分配：

①物料的基准存量及容量所需的面积；

②物料搬运储存的便捷性；

③物料堆叠的难易度；

④为搬运工具、人员预留的通道大小。

（3）仓库位置确定。

仓库位置的确定应依据下列原则进行：

①方便物料进、出作业；

②确保物流的顺畅，减少搬运造成的浪费；

③确保物料安全性，如远离明火、高温区等；

④同类仓库尽量集中，方便管理，如成品仓库只设置一个；

⑤同类仓库确需设立两个或多个仓库以符合①～③项原则时，应分设。

（4）公共设施规划。

公共设施规划应考虑的事项有：

①仓库结构，如支柱、楼梯、走道、办公场所等；

②仓储设施，如货架、储柜、空调间等；

（续表）

③配套设施，如灭火器、消火栓、照明等。

2．料位设定

（1）仓库区域划分。

仓库区域划分应遵循的原则有：

①依物料的不同类别划分区域，如五金类、塑胶类、电子类、包装类等；

②用代号区分不同的区域，如A区代表五金，B区代表塑胶等；

③依各物料基准存量及容量为各区域划分面积；

④以方便物料进、出仓库的原则划分区域；

⑤将划定区域的仓库定置图绘出，悬挂于仓库醒目位置。

（2）物料定位。

同区内各物料的定位依据下述原则：

①以基准存量和容量预留空间；

②进出频繁的物料，应考虑其装卸的便捷性；

③符合先进先出的存取方式；

④将各区的位置按货架或储柜等编号，如A01代表A区第1个货架，B12代表B区第12个货架；

⑤物料存放的货架号码填于账册的“存放地点”栏或“备注”栏，以方便了解物料储位，遵循先进先出的原则。

3．储存标示

（1）储存方式。

物料储存方式应依据下列原则：

①尽量利用空间；

②存量高者尽量使用货架，存量低者尽量使用储柜；

③耐压性差的物料应注意承重及堆高层数；

④易燃、易爆物品应遵守有关安全规定，妥善储存；

⑤尽量采用标准包装方式，如桶装、盒装、柜装、箱装等；

⑥依搬运工具设定堆叠方式。如搬运工具使用堆高机、人力叉车、手推车，应分别设定不同的堆叠方式。

（2）物料标示。

物料标示应遵循下列原则：

①建立物料卡；

（续表）

②明确标示物料的品名、编号、规格、数量、入厂日期； ③物料进、出之后，其标示的数量、日期等内容应及时变更； ④应保证不同批次的物料具有可追溯性； ⑤应用颜色区分不同性质的物料，如绿色区代表合格品区，黄色区代表待检暂存品区，红色区代表退货品区，等等。 **四、附则** （1）本办法由仓库管理部门主持制定，其修改、解释权归仓库管理部门所有。 （2）本办法经总经理批准后，自颁布之日起实施。

编制		审核		批准	

制度05：物料编号管理办法

文件名称	物料编号管理办法	编号	
		版本	A／0

一、目的

为加强物料的管理控制工作，使物料管理工作简洁化，以提高工作效率及完善物料管理。

二、适用范围

本公司产品所使用的生产性主要材料、辅助材料等。

三、内容

1．本公司物料编号为10位数字和字母混合编号

0	1	—	A	P	R	6	B	—	0	0	1

2．类别码

（1）第一、第二位号码为类别号，为阿拉伯数字。

（2）物料主要分为：电子、塑胶、五金、包装材料、化工、其他。

（3）电子材料编号01～20，塑胶材料编号21～40，五金材料编号41～60，包装材料编号61～80，化工材料编号81～90，其他材料编号91～99。具体参照“物料编号一级分类表”。

（续表）

3．价格码 第三位号码为价格码，为英文字母，价格高者为A，中等价格者为B，低价格者为C。具体参照“价格分类表”。 4．材质码 第四位号码为材质码，为英文字母。如塑胶类使用ABS料的物料编号为A，使用PP料的物料编号为P，使用HIPS料的物料编号为H等。具体参照“材质分类表”。 5．颜色码 第五位号码为颜色码，为英文字母，采取与之最相近的一种颜色，红色为R，黄色为Y，黑色为B等。具体参照“颜色分类表”。 6．规格码 第六、第七位号码为规格码，为数字或字母，即此种物料的规格。具体参照“物料规格编码对照表”。 7．流水码 最后三个号码为顺序码，为阿拉伯数字，即前面编号都相同，采用流水号的方式进行分别。 **四、附则** （1）本办法由仓库管理部门主持制定，其修改、解释权归仓库管理部门所有。 （2）本办法经总经理批准后，自颁布之日起实施。					
编制		审核		批准	

制度06：成品仓库管理规定

文件名称	成品仓库管理规定	编号	
		版本	A／0
一、目的 为加强对成品仓库的日常管理，特制定本规定。 **二、适用范围** 本规定适用于成品仓库的管理。			

（续表）

三、内容 （1）成品库管理员必须提前十五分钟上岗。 （2）上班期间不得擅自离开工作岗位。 （3）成品库发货员必须严格按照销售部所开“出货单”发货。 （4）装卸工在发货时要听从仓库保管员安排装车，如未按仓库保管员要求发货、装车且不服从管理，仓库保管员要及时报告上级仓管人员进行处理。 （5）成品库的卫生应由仓库保管员负责安排装卸工在下班前打扫干净。 （6）在装车过程中不得有人为原因破坏物品；如确有发生，则按出厂价由责任人照价赔偿。 （7）货主、司机开车破坏物品，应告知销售部由其照价赔偿。 （8）成品出库时，成品仓库保管员、装卸工必须交替在岗发货。 （9）非成品库人员在未经许可的情况下不得进入成品库，成品库内所有入库成品需办理出库手续后方可发出。否则，所造成的一切后果由责任人自行负担。 （10）成品仓仓库保管员必须严格遵守岗位职责及操作程序。 （11）以上如有违反，公司将按照《生产管理条例》予以处罚。 四、附则 （1）本规定由仓库管理部门主持制定，其修改、解释权归仓库管理部门所有。 （2）本规定经总经理批准后，自颁布之日起实施。					
编制		审核		批准	

制度07：半成品仓库管理制度

文件名称	半成品仓库管理制度	编号	
		版本	A／0
一、目的 为加强对半成品的控制，使其出入库及周转处于受控状态，逐步提高账、卡、物相符率，为各种决策提供准确依据，特制定本制度。 二、适用范围 本制度适用于半成品仓库的管理。			

（续表）

三、内容 （1）半成品出入库时，尽可能以班组为单位，均衡时间；白夜班仓库人员收发料时间要重叠。 （2）毛坯件使用点数器查数，误差率在1‰以内视为合理（含本数字）。 （3）所有半成品库全部统一使用标准盘，具体数量见附页。 （4）非仓库和不具备检查权限的人员，禁止进入仓库，员工须站在限制线以外依次等候，逐个办理业务。特殊情况需员工协作时，在仓库人员视线能监管的范围内（根据需要），可允许其进入仓库协助工作。 （5）工序流转卡使用执行《工序流转卡管理规定》。 （6）检验员判定为不合格品时（包括漏工序/回用件），应及时出具“不合格品通知单”，按《不合格品控制程序》执行。 （7）严格执行工艺纪律，特殊情况颠倒工序时必须由车间主管得到技术科书面许可，并将信息及时知达检验员，并在限定时间内返回原工艺。 （8）当计算机或网络出现故障时，即使知达网络维护员，须委外维修时按《计算机管理规定》执行，同时使用备用主机替代。 **四、附则** （1）本制度由仓库管理部门主持制定，其修改、解释权归仓库管理部门所有。 （2）本制度经总经理批准后，自颁布之日起实施。					
编制		审核		批准	

第二节　仓储规划专项表格管理

表格是各项工作、信息的记录者。使用正确的表格能够准确记录某项工作或信息，为日常工作的开展提供良好的支持。仓储规划表格主要用于对仓储规划的各项工作、信息进行记录，例如货位卡是对仓库中各个货位的具体信息的记录，仓库货架列表则是对仓库中各个货架信息的记录。各级仓管人员在仓储规划工作中，应及时将各项必要的信息记录在相应表格中，以备查看。

表格01：货位卡

货位卡

品名：　　　　　　　　　　　　规格：　　　　　　　　　　　　　单位：

<table>
<tr><td colspan="2">编号/批号</td><td></td><td rowspan="2">货位号</td><td rowspan="2"></td><td rowspan="2">检验单号</td><td colspan="2" rowspan="2"></td><td rowspan="2">有效期</td><td rowspan="2"></td><td rowspan="2">复验期</td><td rowspan="2"></td></tr>
<tr><td colspan="2">厂家批号</td><td></td></tr>
<tr><td colspan="2">年</td><td colspan="2" rowspan="2">来源去向</td><td rowspan="2">入库件数</td><td rowspan="2">入库量</td><td rowspan="2">出库件数</td><td rowspan="2">出库量</td><td rowspan="2">结存件数</td><td rowspan="2">结存量</td><td rowspan="2">签名</td><td rowspan="2">备注</td></tr>
<tr><td>月</td><td>日</td></tr>
<tr><td></td><td></td><td colspan="2"></td><td></td><td></td><td></td><td></td><td></td><td></td><td></td><td></td></tr>
<tr><td></td><td></td><td colspan="2"></td><td></td><td></td><td></td><td></td><td></td><td></td><td></td><td></td></tr>
<tr><td></td><td></td><td colspan="2"></td><td></td><td></td><td></td><td></td><td></td><td></td><td></td><td></td></tr>
<tr><td></td><td></td><td colspan="2"></td><td></td><td></td><td></td><td></td><td></td><td></td><td></td><td></td></tr>
<tr><td></td><td></td><td colspan="2"></td><td></td><td></td><td></td><td></td><td></td><td></td><td></td><td></td></tr>
</table>

表格02：仓库货架列表

仓库货架列表

仓库名：　　　　　　　　　　　　仓库编号：

A1	
A2	
A3	
B1	
B2	
C1	
C2	
D2	
G2	
H2	
H3	

备注：A1、A2标示货架编号。

表格03：物料编号资料表

物料编号资料表

编号：　　　　　　　　　　　　　　　　　　　　　　页次：

物料编号	类别	名称	规格	用途		单价	供应商	代用件编号
				专	共			

表格04：材料资料及编号表

材料资料及编号表

日期：　　年　　月　　日

类别	料号			材料名称	规格说明		用途		用途代号	单价	供应厂商	代用件编号
							专	共				

第二章 物品入库专项管理

物品入库是仓库现场管理的一项重要工作，主要包括物料入库管理和半成品、成品入库管理两个方面。良好的入库管理能够保证物料、半成品、成品等有序入库，为下一步的生产工作提供支持。

第一节 物品入库专项制度管理

物品入库管理的制度很多，如物料收货控制程序、半成品入库控制程序、危险品入库验收规定等。这些制度主要用于对各项物品入库管理工作进行规范，以便仓管人员按照制度要求开展工作，例如物料收货控制程序对供应商送货、进料数量验收等都做了明确规定，仓管人员在开展该项工作时，应按照其规定进行。

制度01：物料收货控制程序

文件名称	物料收货控制程序	编号	
		版本	A/0

一、目的

为加强对进料的数量进行控制，确保进料的数量满足生产的需要。

二、适用范围

适用于对外采购的物料、发外加工的半成品收货控制程序。

三、内容

1．供应商送货

（1）供应商送货车到厂区后，应及时将“送货单”呈交至物控部收料组处，由收料组人员安排指定待验区。若是生产急料，收料组人员可将物料先收到生产备料区。

（2）货卸至指定待验区后，收料组人员将大件箱数与“送货单”核对无误后，开出“进料验收单”与“送货单”，一起呈交至相关仓库。

（续表）

2．进料数量验收

（1）仓库管理员收到单后，即仔细核对“送货单”与“订购单”是否有误；如果有误，通知采购部门确认原因，直至更正无误为止。

（2）仓库管理员安排人员再核对一次大件箱数是否有误，然后按5%～15%的比例抽查单位包装。单位包装内若出现包装不足现象，应与供应商送货人员一起确认，再加大抽样比例。

（3）加大抽样比例后，计算出包装不足的平均数量，然后计算出总的包装不足数量，开出“物料异常报告”，交供应商送货人员签字。

（4）仓库管理员将实际的数量填入“进料验收单”中，然后将“进料验收单”和“物料异常报告”转交至品质部IQC组。

（5）数量验收处理时间：

①物控部收料组处理一般物料的时间为30分钟内，处理急料的时间为10分钟内；

②仓库处理数量验收的时间为2小时内，急料为1小时内，特急料为30分钟内。

3．进料品质验收

（1）品质部IQC组收到“进料验收单”后，按“进料检验与试验控制程序”和“进料检验规范”进行检验。

（2）经检验合格则在“进料验收单”上注明“ACCEPT”（接受）并写上检验损耗数，同时在物料外包装明显位置上贴上“IQC PASS”（IQC检验合格或通过）标签，留下联单，做好检验记录，将“进料验收单”和“物料异常报告”回执给仓库。

（3）不合格则在“物料异常报告”上注明，马上呈交上级主管，召集相关部门进行会审，按“特采作业控制程序”和“不合格品控制程序”进行处理。

4．仓库入库与入账

（1）仓库收到IQC回执的单据后，若有包装不足，则将“物料异常报告”呈交采购部门处理。

（2）仓库管理员安排人员将合格品搬运到指定库区，并挂上“物料卡”。

（3）仓库管理员按“进料验收单”的实际收入数量做好账目。

5．表单的保存与分发

仓库管理员视情况紧急与否，将当天的单据分散或集中分送到相关部门。

四、附则

（1）本程序由仓库管理部门负责制定，其修改、解释权归仓库管理部门所有。

（2）本程序经总经理批准后，自颁布之日起实施。

编制		审核		批准	

制度02：半成品入库控制程序

文件名称	半成品入库控制程序	编号	
		版本	A／0

一、目的

为加强对半成品的入库进行适当控制，防止品质发生变异，特制定本程序。

二、适用范围

适用于半成品（不包括外发加工的半成品）的入库控制程序。

三、内容

1．半成品生产

半成品生产部门严格按照有关规程进行生产，并经品质部IPQC组制程检验合格。（有关作业参考《制程检验与试验控制程序》）

2．半成品检验

（1）生产部门组长开出“半成品入仓单”，送至品质稽核员处。

（2）经检验员核查合格后，贴上合格标签，并在“半成品入仓单”上签名。

3．半成品入库

（1）半成品生产部门的物料人员将单和货一起送至半成品仓库。

（2）半成品仓库管理人员即着手安排仓库物料人员按2%～5%的比例抽点单位包装数量，并在抽查箱面上标注抽查标记。

（3）数量无误后，仓库管理人员在“半成品入仓单”上签名，各取回相应联单，将货收入指定仓位，挂上“物料卡”。

4．账目记录

仓库管理人员及时做好半成品的入账手续。

5．表单的保存与分发

仓库管理员将当天的单据分类归档或集中分送到相关部门。

四、附则

（1）本程序由仓库管理部门负责制定，其修改、解释权归仓库管理部门所有。

（2）本程序经总经理批准后，自颁布之日起实施。

编制		审核		批准	

制度03：成品入库控制程序

文件名称	成品入库控制程序	编号	
		版本	A／0

一、目的

为加强对成品的入库进行适当控制，防止品质发生变异。

二、适用范围

适用成品入库的控制程序。

三、内容

1．成品生产

成品生产部门严格按照有关规程进行生产，并经品质部IPQC组制程检验合格。

2．成品检验

（1）生产部门组长开出“成品入仓单”，送至品质稽核员处。

（2）经检验员核查合格后，贴上合格标签，并在“成品入仓单”上签名。

3．成品入库

（1）成品生产部门的物料人员将单和货一起送至成品仓库。

（2）成品仓库管理人员应及时安排仓库物料人员检查数量。

（3）数量无误后，仓库管理人员在“成品入仓单”上签名，各取回相应联单，将货收入指定仓位，挂上“物料卡”。

4．账目记录

仓库管理人员及时做好成品的入账手续。

5．表单的保存与分发

仓库管理员将当天的单据分类归档或集中分送到相关部门。

四、附则

（1）本程序由仓库管理部门负责制定，其修改、解释权归仓库管理部门所有。

（2）本程序经总经理批准后，自颁布之日起实施。

编制		审核		批准	

制度04：危险品入库验收规定

<table>
<tr><td rowspan="2">文件名称</td><td rowspan="2">危险品入库验收规定</td><td>编号</td><td></td></tr>
<tr><td>版本</td><td>A／0</td></tr>
<tr><td colspan="4">

一、目的

为加强对危险品的入库验收管理，特制定本规定。

二、适用范围

适用于对企业各类危险品的入库验收工作。

三、内容

（1）检验货物的在途运输情况，检查是否发生过混装。

（2）检查货物的外包装上是否沾有异物。

（3）对货物包装、封口和衬垫物进行验查，看包装标志与运单是否一致，容器封口是否严密，衬垫是否符合该危险品运输、保管的要求。

（4）货物本身品质的检查，看是否有变质、挥发、变色或成分不符等问题。

（5）提出对问题的处理意见，对属于当地的货物，以书面形式提出问题和改进措施，并退货；无法退回的外地货物，又是一般问题不会造成危险的，可向货主提出整改意见，对于会影响库场安全的货物，则应置于安全地点进行观察，待问题解决后方可入库。

四、附则

（1）本规定由仓库管理部门负责制定，其修改、解释权归仓库管理部门所有。

（2）本规定经总经理批准后，自颁布之日起实施。

</td></tr>
</table>

编制		审核		批准	

制度05：物料验收入库管理办法

<table>
<tr><td rowspan="2">文件名称</td><td rowspan="2">物料验收入库管理办法</td><td>编号</td><td></td></tr>
<tr><td>版本</td><td>A／0</td></tr>
<tr><td colspan="4">

一、目的

为规范物料的验收及入库工作，特制定本办法。

</td></tr>
</table>

（续表）

二、适用范围

适用于各项物料（包括外协件）的验收入库管理。

三、内容

（1）供应商于运交外包品时必须填写“送货单”一式两联，详细写明送货内容与“外包单”号码，连同统一发票与所运交的外包品送到工厂的收料处。

（2）收料员核对统一发票，确认“外包单”与“送货单”无误后，再核对供应商资料卡，查清是否有超交的现象。收料员在核对无误后，在一式两联的“送货单”上签章，将第一联“送货单”退供应商作为送货的凭证，第二联由收料员留存。并将“送货单”的内容转记入供应商资料卡内。

（3）收料员将“外包验收单”的号码抄录在每一批外包品上，若包装成数箱，每箱均应抄录“外包验收单”号码，同时在“送货单”上亦填入“外包验收单”号码与收料日期。

（4）收料员根据“送货单”第二联填记“外包验收单”一式六联，并载明下列各项目：外包品物料编号、品名规格、交货者名称、统一发票号码及年月日、交货数量、实际接收数量、订购单号码、收料日期等。收料员若发现送来的外包品混有其他物料或有其他特殊情况时，必须在“外包验收单”接收状况栏内写明，作为品质检验的参考。

（5）收料员在填入必要内容并核章后，将“外包验收单”第六联送外包计划员。第一联至第五联送品质检验人员，以便外包入厂品质检验工作的顺利进行。

（6）外包计划员根据“外包验收单”第六联，在外包计划上填入“外包验收单”编号、收料日期以及接收数量后，将“外包验收单”第六联立即送往采购部门。

（7）品质检验后将良品总数填入“外包验收单”一式五联，经主管核章后，第一联由外包品进厂品质检验单位自存，第二联至第五联送收料员，由收料员将交货实况填入供应商资料卡交货资料栏后，将“外包验收单”第二联至第五联连同统一发票送仓储员办理入库手续。

（8）仓储员核对外包品数量与良品总数是否相符，在安排外包品进入仓库后，在“外包验收单”第二联至第五联良品总数栏内盖仓库接收章，并送请物料主管核章。

（9）物料主管核章后的“外包验收单”第五联送往采购部门，第四联送外包计划员登记良品总数并计算“外包单”余额，第四联转送料账员。料账员根据“外包验收单”内的良品总数转记入存量管制卡入库数量栏，并填具入库日期及“外包验收单”号码后存查。“外包验收单”第二联、第三联连同统一发票送会计部门作为付款的凭证。

（10）超交的外包品以退回为原则，但可以考虑让供应商寄存，而不作外包品进厂

（续表）

验收的处理。 （11）收料员根据每天外包品进厂情形填写“外包品外仓暂收日报表”一式四联，第一联由收料员自存，第二联送外包计划员，第三联送品质部，第四联送采购部。 **四、附则** （1）本办法由仓库管理部门负责制定，其修改、解释权归仓库管理部门所有。 （2）本办法经总经理批准后，自颁布之日起实施。					
编制		审核		批准	

制度06：外协厂商送料验收管理制度

文件名称	外协厂商送料验收管理制度	编号	
		版本	A／0

一、目的

为加强对物料验收的管理，特制定本制度。

二、适用范围

本制度适用于对物料的验收及入库管理。

三、内容

（1）外协厂商在送交物料时必须填写“送货单”一式二联，详细写明送货内容与订购单号码，连同统一发票与所送交的物料送到工厂的收料处。

（2）收料员核对统一发票、“订购单”与“送货单”无误后，再核对“厂商资料卡”是否有超交的现象。收料员在核对无误后，在“送货单”一式二联上签章，将第一联“送货单”退外协厂商作为送货的凭证，第二联收料员留存，之后将送货单的内容转记入“厂商资料卡”内。

（3）收料员将“进料验收单”的号码抄录在每一批物料货品上（若包装成数箱，每箱均应抄录“进料验收单”号码），同时在“送货单”上也填入“进料验收单”号码与收料日期。

（4）收料员根据“送货单”第二联填记“进料验收单”一式六联，并载明下列各项目：物料编号、品名规格、交货者名称、统一发票号码及年月日、交货数量、实际接收数量、订购单号码、收料日期。

（续表）

（5）收料员若发现送来的物料混有其他物料或其他特殊情况时，必须在“进料验收单”“接收状况”栏内说明，作为品管检验的参考。 （6）收料员在填入必要内容并核章后将“进料验收单”第六联送物料计划员，第一至第五联送品质检验人员以利于进料品质检验工作的进行。 （7）物料计划员根据“进料验收单”第六联在“物料订购、运输、接收记录”上填记“进料验收单”编号、收料日期以及接收量后，将“进料验收单”第六联立即送往采购部门。 （8）品质检验后将良品总数填入“进料验收单”一至五联，经主管核章后，第一联“进料验收单”由进料品质检验单位自存，二至五联送收料员将交货实况填入“厂商资料卡”交货资料各栏后，将“进料验收单”二至五联连同统一发票送仓储员办理入库手续。 （9）仓储员核对物料数量与良品总数是否相符，在安排物料进入仓库后在“进料验收单”二至五联“良品总数”栏盖仓库接收章，将“进料验收单”二至五联送请物料主管核章。 （10）物料主管核章后的“进料验收单”第五联送往采购部门，第四联送物料计划员登记良品总数并计算“订购单”余额，在“物料订购、运输、接收记录”后将“进料验收单”第四联转送料账员，料账员根据“进料验收单”内良品总数转记入“存量管制卡”“入库数量”栏，并填具入库日期与“进料验收单”号码后存查。 （11）“进料验收单”第二、第三联连同统一发票送会计部门作为付款的凭证。 （12）外购品在采购部门收到“提单”时立即将所附的发票复印一份给物料部门，经物料计划员登记入“物料订购、运输、接收记录”后转送收料处收料员。在物料运达时，收料员根据复印的发票，核对入厂的外购品，并将交货实况填入“厂商资料卡”。以下进料验收程序与内购品处理程序相同。 （13）超交的内购品以退回为原则，但得考虑让厂商寄存，而不作进料验收的处理。 （14）收料员根据每天进料情形填写“物料外仓暂收品日报表”一式四联，第一联收料员自存，第二联送物料计划员，第三联送品质部，第四联送采购部。 （15）本办法经核准后实施，修正时亦同。 **四、附则** （1）本流程与标准由仓库管理部门负责制定，其修改、解释权归仓库管理部门所有。 （2）本流程与标准经总经理批准后，自颁布之日起实施。

编制		审核		批准	

制度07：物料紧急放行管理规定

文件名称	物料紧急放行管理规定	编号	
		版本	A／0

一、目的

为了使紧急物料放行得到合理的利用，并进行控制，特制定本规定。

二、适用范围

适用于所有需要紧急放行的物料管理。

三、内容

1．紧急放行的定义

紧急放行是指因生产急需来不及验收而让来料入库并投入生产的做法。

2．紧急放行的条件

（1）一般在下述情况下才能允许紧急放行：来料的不合格在技术上可以纠正，并且在经济上不会发生较大损失，也不会影响相关、连接、相配的零部件品质。

（2）对紧急放行的来料，要明确做出标志和记录，以便一旦发现其有不符合规定的地方，能及时追回和更换。

3．紧急放行的具体操作

（1）应在物料验收程序中对紧急放行作出规定，明确紧急放行情况的审批人、责任人，规定可追溯性标志的方法，明确识别记录的内容，以及如何传递、由谁保存等。

（2）紧急放行所使用的全部品质记录，应按规定认真填写，在保存期内不得丢失和擅自销毁。

（3）当来料进厂后，应根据情况对需要紧急放行的物料，由责任部门（一般为采购部或生产部）的责任人填写“物料紧急放行申请表”，报经授权人审批。

（4）对紧急放行的来料要作出可追溯性标志，同时做好识别记录，记录中应详细记载紧急放行来料的规格、数量、时间、地点、标志方法和供应商的名称及所提供的证据。

（5）在紧急放行的同时，应留取规定数量的样品进行检验，且尽快完成检验报告。

（6）应设置适当的紧急放行数量的停止点（停止点：相应文件规定的某点，未经指定组织或授权批准，不能越过该点继续实施紧急放行），对于流转到停止点上的紧急放行来料，在接到证明该批产品合格的检验报告后才能放行。

（7）若发现紧急放行的来料经检验不合格，要立即根据可追溯性标志及识别记录，将不合格品追回。

（续表）

四、附则 （1）本规定由仓库管理部门负责制定，其修改、解释权归仓库管理部门所有。 （2）本规定经总经理批准后，自颁布之日起实施。					
编制		审核		批准	

制度08：物料验收异常问题处理规定

文件名称	物料验收异常问题处理规定	编号	
		版本	A／0

一、目的

为明确物料验收过程中发现异常问题时所应采取的措施，使问题迅速得到解决，防止有问题的物料进入仓库或投入使用，特制定本规定。

二、适用范围

适用于对物料验收过程中发现异常问题的处理，如证件不齐、数量短缺、品质不符合要求等。

三、内容

1．异常问题种类

（1）证件不齐。

（2）数量短缺。

（3）品质不符合要求。

2．异常问题处理原则

（1）在物料验收过程中，如果发现物料数量或品质有问题，应该严格按照有关制度进行处理，但要分清供货单位、承运部门、收货方的责任，以利于改进工作。

（2）在物料验收过程中，若发现以上问题，应区别不同情况及时处理。

（3）凡验收中发现问题且需等待处理的物料，应该单独存放，妥善保管，防止混杂、丢失、损坏。

3．证件不齐的处理

（1）在验收过程中，若证件未到或不齐时，应及时向供货单位索取，到达的物料应作为待验物料堆放在“待验区”，待证件齐全后再行验收。

（2）证件未到之前，不得验收、入库，更不得办理发货及相关转移手续。

（续表）

4．数量短缺的处理

（1）若数量短缺在规定的磅差范围内的，可按原数入账。

（2）若数量短缺超过规定磅差范围的，应查对核实，如实填写“物料验收单”交部门主管审核，部门主管会同采购部相关人员向供货单位办理交涉。凡实际数量多于原发料量的，可由采购部向供货单位退回多发数，或补发货款。

5．品质不符的处理

（1）当发现品质不符合规定时，应及时通知采购部向供货单位进行退货、换货交涉，或在征得供货单位同意的前提下，交相关部门代为加工，或在不影响使用的前提下作降价处理。

（2）物料规格不符或错发时，应先将规格正确的予以入库，规格不正确的如实填写“物料验收单”，交给部门主管审核，与采购部协商、办理换货事宜。

6．其他异常问题的处理

（1）凡属承运部门造成的物料数量短少或外观包装严重残损等，应凭接运提货时索取的“货运单”向承运部门索赔。

（2）若价格与采购合同有出入，供应单位多收部分应予以拒付，少收部分经过检查核对后，应主动联系，及时更正。

7．处理异常问题注意事项

在对验收过程中发现的问题进行处理时，应需特别注意以下三大事项：

（1）在物料入库凭证未到齐之前不得正式验收。如果入库凭证不齐或不符，仓库有权拒收或暂时存放，待凭证到齐再进行验收入库。

（2）如发现物料数量或品质不符合规定，要会同有关人员当场核实，并予以详细记录，交接双方应在记录上签字。若是交货方的问题，仓库应拒绝接收；若是承运部门的问题，应凭“货运单”进行索赔。

（3）在数量验收中，计件物料应及时验收，发现问题要按规定的手续办理，并在规定的期限内向有关部门提出索赔要求。

四、附则

（1）本规定由仓库管理部门负责制定，其修改、解释权归仓库管理部门所有。

（2）本规定经总经理批准后，自颁布之日起实施。

编制		审核		批准	

制度09：特采管理规定

文件名称	特采管理规定	编号	
		版本	A/0

一、目的

当原材料、半成品、成品出现不合格现象，又急需使用时，经相关部门研究后，可经特别采用以免影响交期。为保证特采品质，特制定本规定。

二、适用范围

适用于物料检验不合格，又急需使用时的特采管理。

三、内容

1．职责和权限

（1）MRB（英文Material Review Board的缩写，是指物料审查会议。它是针对物料检验发现的异样状态暂时不能确定是否为缺陷时，由品质部、生产部、仓库等各部门联合举行的判定会议）会议（材料审查会议）：由采购部、工程部、PMC（英文Production Material Control的缩写，是指生产及物料控制，主要职能是生产的计划与进度控制，以及物料控制）、品质、营业部组成，负责对来料、自制件不合格品的处理进行评审会议；MRB会议召开模式为会签模式或会议模式，对于容易达成共识时采用会签模式，对于有争议的评审或意见不一致时，以会议的形式进行评审。

（2）采购部：负责对外购物料不合格品提出特采申请。

（3）生产部：负责对本部门生产的不合格品提出特采申请。

（4）品质部：负责对提出特采申请物料作出最终判定。

（5）工程部：负责对产品的安全性、功能性使用的影响进行评审判定。

（6）仓库：负责对物料的入库接收及存储。

2．特采原则

使用的原材料、半成品或成品发生不合格又急需使用时，在不影响品质或主要性能，产品使用无安全性、公害性以及功能方面顾虑，对产品的使用价值、价值影响很微小不至于产生客户投诉事件的情况下特别采用。

3．特采申请

当产品发生不合格又急需使用时，申请部门负责填写“特采申请表”，必须详细填写型号、数量、不合格内容、申请理由、申请部门、申请人并附上《纠正和预防改善措施报告》。

4．特采评审

（续表）

对于容易达成共识的特采申请，一般以会签模式进行评审，申请部门负责将“特采申请表”附上产品（必要时根据品质部要求添附有关试验及判定资料）交MRB小组流动评审，相关部门负责人记入意见；如涉及结构、尺寸、性能问题主要由工程部判定裁决；如涉及外观、颜色问题主要由品质部作判定裁决，必要时由品质部提出，通过营业部同客户进行沟通确认。

5．特采批准

经MRB小组评审后最后由品质部经理结合相关意见进行最终判定，如各部门对处理方式有争议时，交由总经办最后裁决批准（必要时由申请部门负责召开MRB会议研讨）；必要时应征求顾客或其代表同意方可接收。但特采产品的申请并不意味着可以用任何一种方法减轻责任部门（供货商）的责任，同时不能作为部品判定的依据，也不影响顾客对产品的判定。

6．信息传递

特采产品判定确认后，品质部应及时将“特采申请表”配布分发给相关部门，采购部门将外购外协件的特采信息传递给供应商。

7．标志

对判定同意特采的物料须做上相应标示加以区分，并及时通知生产车间使用或仓管人员要区分隔离保管，以方便追溯、鉴别、收回，并防止非预期使用。

（1）来料为特采品，IQC打印黄色的《特采物料标签》贴在物料包装上。

（2）半成品的特采品，制程部门品质在物料上加贴层别标示票，注明不合格项目。

8．事后处理

（1）MRB会议最终判为退货或报废部品其责任部门应及时评判结果进行处理，具体按《不合格品控制程序》执行。

（2）品质部负责对每周、月的特采进行统计、分析并验证改善效果。

（3）当来料特采经常发生时，应对所使用的检测标准进行评估，是否有太过严格的情形；如不存在，应对相关供应商进行辅导，以提升供应品质，减少特采发生的次数。

（4）当半成品、成品特采经常发生时，应对过程进行检讨执行。加强员工的品质意识教育，减少特采发生次数。

四、附则

（1）本规定由品质部负责制定，生产部、仓库协同，其修改、解释权归品质部所有。

（2）本规定经总经理批准后，自颁布之日起实施。

编制		审核		批准	

第二节　物品入库专项表格管理

物品入库管理表格主要用于对物品入库管理各项工作、信息进行记录，例如物料紧急放行申请表主要用于对物料禁忌放行申请的记录，记录内容包括物料名称、物料编号、批量等。各级仓管人员在物品入库管理工作中，应及时将各项必要的信息记录在相应表格中，以备查看。

表格01：物料紧急放行申请表

物料紧急放行申请表

进料名称		物料编号		批量		
规格		数量		生产批号		
供应商名称						
业务经办人		职务/联系方式				
申请紧急放行原因及理由		申请人			日期	
审批意见		批准人			日期	

表格02：到货交接单

到货交接单

编号：　　　　　　　　　　　　　　　　　　　　日期：　　年　　月　　日

收货人	发站	发货人	货物名称	标志标记	单位	件数	重量	货物存放处	车号	运单号	提料单号
备注											

提货人：　　　　　　　　　　经办人：　　　　　　　　接收人：

表格03：原材料验收单

原材料验收单

编号： 订购单编号： 填写日期： 年 月 日

<table>
<tr><td>进料时间</td><td>物料编号</td><td>厂商名称</td><td>订购数</td><td>交货数</td></tr>
<tr><td></td><td></td><td></td><td></td><td></td></tr>
<tr><td>订单编号</td><td>发票规格</td><td>品名/规格</td><td>点收数</td><td>实收数</td></tr>
<tr><td></td><td></td><td></td><td></td><td></td></tr>
<tr><td>检验项目</td><td>检验规格</td><td>检验状况</td><td>数量</td><td></td></tr>
<tr><td></td><td></td><td></td><td></td><td></td></tr>
<tr><td colspan="2" rowspan="2">AQL（允收水准）值</td><td>严重</td><td>一般</td><td>轻微</td></tr>
<tr><td></td><td></td><td></td></tr>
<tr><td>检验数量</td><td>不良数</td><td>不良率</td><td colspan="2">判定</td></tr>
<tr><td></td><td></td><td></td><td colspan="2">☐ 允收 ☐ 拒收 ☐ 特采 ☐ 全检</td></tr>
<tr><td>品质经理</td><td>仓储经理</td><td>验收主管</td><td>验收专员</td><td>备注</td></tr>
<tr><td></td><td></td><td></td><td></td><td></td></tr>
</table>

表格04：零配件验收单

零配件验收单

编号： 填写日期： 年 月 日

<table>
<tr><td>采购单号</td><td colspan="3"></td><td colspan="3">零件名称</td><td colspan="4"></td><td colspan="2">编号</td><td colspan="2"></td></tr>
<tr><td>供应商</td><td colspan="6"></td><td colspan="3">数量</td><td colspan="5"></td></tr>
<tr><td rowspan="2">验收项目</td><td rowspan="2">标准</td><td colspan="12">抽样结果记录</td><td rowspan="2">备注</td></tr>
<tr><td>1</td><td>2</td><td>3</td><td>4</td><td>5</td><td>6</td><td>7</td><td>8</td><td>9</td><td>10</td><td>11</td><td>12</td></tr>
<tr><td></td><td></td><td></td><td></td><td></td><td></td><td></td><td></td><td></td><td></td><td></td><td></td><td></td><td></td><td></td></tr>
<tr><td></td><td></td><td></td><td></td><td></td><td></td><td></td><td></td><td></td><td></td><td></td><td></td><td></td><td></td><td></td></tr>
<tr><td rowspan="2">验收结果</td><td rowspan="2" colspan="6">☐及格
☐不及格
☐其他</td><td colspan="4">审核</td><td colspan="4">验收专员</td></tr>
<tr><td colspan="4"></td><td colspan="4"></td></tr>
</table>

表格05：货物验收单

货物验收单

订购单编号：　　　　　　　　编号：　　　　　　　　填写日期：　　年　　月　　日

编号	名称	订购数量	规格符合		单位	实收数量	单价	总价
			是	否				

是否分批交货	□是 □否	会计科目		厂商供应		合计	
检查方式	抽样___%不良 ______个不良	验收结果		检查主管		检查员	

总经理	财务部		仓储部		采购部	
	财务主管	核算员	仓储主管	验收专员	采购主管	制单员
签字						

表格06：材料验收报告表

材料验收报告表

编号：　　　　　　　　　　　　　　　　填写日期：　　年　　月　　日

材料名称		材料规格		材料数量			
采购单位		采购日期		验收专员			
验收记录	检验项目	检验标准	检验结果	不良数	是否合格	备注	总评
							□合格 □不合格
							《不合格通知单》的编号
总经理				验收主管			
品质经理				验收专员			
仓库验收记录		验收数量	□足额　□溢交　□短缺				

表格07：产品验收报告单

产品验收报告单

订单号码		产品编号		厂商编号		点收日期						
借方科目		贷方科目		入库单位		需求期		交期				
件号	品名规格	厂牌	单位	收货数	实收数	单价	金额	拒收数	拒收数现状	本订单未交量	再交	不交
合计							打卡（1）（2）					
金额：佰 拾 万 仟 佰 拾 元整							发票号码					
使用单位		用途										
备注		货物验收主管		验收专员								

审核：　　　　审批：　　　　制单：

表格08：物品入库日报表

物品入库日报表

编号：　　　　　　　　　　　　入库日期：　年　月　日

物品检验人			物品入库记录人			
物品名称	生产厂家	规格	入库数量	单价	总金额	仓库位置
负责人签字确认： 日期：　年　月　日						

表格09：物料入库日报表

物料入库日报表

编号：　　　　　　　　　　　　　　　　　　　　　　　　入库日期：　年　月　日

<table>
<tr><td>物料采购人</td><td colspan="2"></td><td colspan="2">检验员</td><td></td><td>入库记录人</td><td></td></tr>
<tr><td>物料编号</td><td>入库单编号</td><td>检验单编号</td><td>数量</td><td>储位</td><td>进料方</td><td>订单编号</td><td>备注</td></tr>
<tr><td></td><td></td><td></td><td></td><td></td><td></td><td></td><td></td></tr>
<tr><td></td><td></td><td></td><td></td><td></td><td></td><td></td><td></td></tr>
<tr><td></td><td></td><td></td><td></td><td></td><td></td><td></td><td></td></tr>
<tr><td></td><td></td><td></td><td></td><td></td><td></td><td></td><td></td></tr>
<tr><td></td><td></td><td></td><td></td><td></td><td></td><td></td><td></td></tr>
<tr><td></td><td></td><td></td><td></td><td></td><td></td><td></td><td></td></tr>
</table>

审核：

表格10：入库通知表

入库通知表

日期：　年　月　日

<table>
<tr><td rowspan="3">日期</td><td>到货日期</td><td colspan="3"></td><td colspan="3">供货单位</td><td></td><td colspan="2">收货人</td><td></td></tr>
<tr><td>入库口期</td><td colspan="3"></td><td colspan="3">合同单号</td><td></td><td colspan="2">储位</td><td></td></tr>
<tr><td>验收日期</td><td colspan="3"></td><td colspan="3">运单号</td><td></td><td colspan="2">入库单号</td><td></td></tr>
<tr><td colspan="12">物料入库详细信息</td></tr>
<tr><td rowspan="2">物料编号</td><td rowspan="2">物料名称</td><td rowspan="2">计量单位</td><td colspan="5">数量</td><td rowspan="2">品质</td><td colspan="2">价格</td><td rowspan="2">说明</td></tr>
<tr><td>交货</td><td>多交</td><td>短交</td><td>退货</td><td>实收</td><td>购入</td><td>基本</td></tr>
<tr><td></td><td></td><td></td><td></td><td></td><td></td><td></td><td></td><td></td><td></td><td></td><td rowspan="5"></td></tr>
<tr><td></td><td></td><td></td><td></td><td></td><td></td><td></td><td></td><td></td><td></td><td></td></tr>
<tr><td></td><td></td><td></td><td></td><td></td><td></td><td></td><td></td><td></td><td></td><td></td></tr>
<tr><td></td><td></td><td></td><td></td><td></td><td></td><td></td><td></td><td></td><td></td><td></td></tr>
<tr><td></td><td></td><td></td><td></td><td></td><td></td><td></td><td></td><td></td><td></td><td></td></tr>
</table>

表格11：入库工作考核表

入库工作考核表

绩效考核人员名单			
被考核人员			
考核地点		考核时间	
考核项目	考核内容	分值	实际得分
入库作业	凭证审核认真	15	
	登账规范、正确	10	
	立卡标志填写、码放正确	10	
	建档内容全面、整洁、编号有序、装订完好	10	
	签单准确、无误	10	
堆码作业	能根据不同的物资选择合适的堆码方式	15	
	能说出每种堆码方式的优缺点及适用范围	15	
	正确堆码	15	
合计		100	

备注：考核满分为100分，60～70分为及格，71～80分为中，81～90分为良好，91分以上为优秀。

表格12：产品入库日报表

产品入库日报表

编号：　　　　　　　　　　　　　　　　入库日期：　　年　　月　　日

接货员		检验员		入库专员		送货人	
品名	规格	颜色	入库数量	现有存量	单价	生产厂家	仓库位置
负责人签字确认： 日期：　　年　　月　　日							
备注							

编制：　　　　　　　　　　　　　　　　填表人：

表格13：送修产品入库单

送修产品入库单

编号：　　　　　　　　　　　　　　　　　　　　　　　填写日期：　　年　　月　　日

<table>
<tr><td>客户</td><td></td><td colspan="2">客服人员</td><td colspan="2"></td><td>入库专员</td><td></td><td>维修厂商</td><td></td></tr>
<tr><td rowspan="2">品名</td><td rowspan="2">规格</td><td colspan="2">日期</td><td colspan="2">入库日期</td><td rowspan="2">生产厂家</td><td rowspan="2" colspan="2">维修原因</td><td colspan="2">临时储位</td></tr>
<tr><td>送修</td><td>送回</td><td>送修</td><td>送回</td><td>送修</td><td>送回</td></tr>
<tr><td></td><td></td><td></td><td></td><td></td><td></td><td></td><td colspan="2"></td><td></td><td></td></tr>
<tr><td></td><td></td><td></td><td></td><td></td><td></td><td></td><td colspan="2"></td><td></td><td></td></tr>
<tr><td></td><td></td><td></td><td></td><td></td><td></td><td></td><td colspan="2"></td><td></td><td></td></tr>
<tr><td></td><td></td><td></td><td></td><td></td><td></td><td></td><td colspan="2"></td><td></td><td></td></tr>
<tr><td colspan="12">客服人员签字确认：
日期：　　年　　月　　日</td></tr>
<tr><td>备注</td><td colspan="11"></td></tr>
</table>

编制：　　　　　　　　　　　　　　　　填表人：

表格14：退回产品入库单

退回产品入库单

编号：　　　　　　　　　　　　　　　　　　　　　　　入库日期：　　年　　月　　日

<table>
<tr><td>客户</td><td></td><td>检验员</td><td></td><td>入库专员</td><td></td><td>客服人员</td><td></td></tr>
<tr><td>品名</td><td>规格</td><td>生产厂家</td><td>入库日期</td><td>退/换</td><td colspan="2">退回原因</td><td>储位</td></tr>
<tr><td></td><td></td><td></td><td></td><td></td><td colspan="2"></td><td></td></tr>
<tr><td></td><td></td><td></td><td></td><td></td><td colspan="2"></td><td></td></tr>
<tr><td></td><td></td><td></td><td></td><td></td><td colspan="2"></td><td></td></tr>
<tr><td></td><td></td><td></td><td></td><td></td><td colspan="2"></td><td></td></tr>
<tr><td colspan="8">相关负责人签字确认：
日期：　　年　　月　　日</td></tr>
<tr><td>备注</td><td colspan="7"></td></tr>
</table>

编制：　　　　　　　　　　　　　　　　填表人：

表格15：入库验收报告单

入库验收报告单

编号：　　　　　　　　　　　　　　　　　　　　　　　填写日期：　　年　　月　　日

<table>
<tr><td colspan="2">入库名称</td><td colspan="2"></td><td>数量</td><td colspan="2"></td></tr>
<tr><td colspan="2">验收部门</td><td colspan="2"></td><td>验收人员</td><td colspan="2"></td></tr>
<tr><td>验收
记录</td><td colspan="3"></td><td>验收
结果</td><td colspan="2">□ 合　格
□ 不合格</td></tr>
<tr><td rowspan="2">入库
记录</td><td>入库单位</td><td></td><td colspan="2">入库部门</td><td colspan="2"></td></tr>
<tr><td>主管经办</td><td></td><td>验收主管</td><td></td><td>验收专员</td><td></td></tr>
</table>

表格16：验收日报表

验收日报表

检验主管：　　　　　　　　　　　　　　　　　　　　　编号：
制表人：　　　　　　　　　　　　　　　　　　　　　　日期：　　年　　月　　日

<table>
<tr><td colspan="13">国内来料</td></tr>
<tr><td rowspan="2">序号</td><td rowspan="2">品名</td><td rowspan="2">规格
（材料编号）</td><td rowspan="2">数量</td><td rowspan="2">供应
商</td><td colspan="2">检验方式</td><td rowspan="2">不合
格</td><td rowspan="2">不良
数</td><td rowspan="2">主要
不良表现</td><td colspan="3">处置</td></tr>
<tr><td>全检</td><td>抽检</td><td>允收</td><td>拒收</td><td>选别</td></tr>
<tr><td></td><td></td><td></td><td></td><td></td><td></td><td></td><td></td><td></td><td></td><td></td><td></td><td></td></tr>
<tr><td></td><td></td><td></td><td></td><td></td><td></td><td></td><td></td><td></td><td></td><td></td><td></td><td></td></tr>
<tr><td></td><td></td><td></td><td></td><td></td><td></td><td></td><td></td><td></td><td></td><td></td><td></td><td></td></tr>
<tr><td colspan="13">国外来料</td></tr>
<tr><td rowspan="2">序号</td><td rowspan="2">品名</td><td rowspan="2">规格
（材料编号）</td><td rowspan="2">数量</td><td rowspan="2">供应
商</td><td colspan="2">检验方式</td><td rowspan="2">不合
格</td><td rowspan="2">不良
数</td><td rowspan="2">主要
不良表现</td><td colspan="3">处置</td></tr>
<tr><td>全检</td><td>抽检</td><td>允收</td><td>拒收</td><td>选别</td></tr>
<tr><td></td><td></td><td></td><td></td><td></td><td></td><td></td><td></td><td></td><td></td><td></td><td></td><td></td></tr>
<tr><td></td><td></td><td></td><td></td><td></td><td></td><td></td><td></td><td></td><td></td><td></td><td></td><td></td></tr>
<tr><td></td><td></td><td></td><td></td><td></td><td></td><td></td><td></td><td></td><td></td><td></td><td></td><td></td></tr>
<tr><td colspan="2">备注</td><td colspan="11"></td></tr>
</table>

表格17：验收月报表

验收月报表

编号：　　　　　　　　　　　　　　　　　　　　　填写日期：　　年　　月　　日

进料验收报告汇总				
序号	供应商	检查批次	不合格批次	不良率
1				
2				
3				
4				

异常报表汇总							
物料异常报告编号	料号	品名/规格	批量	不良率	不良原因	供应商	处理结果

审核：　　　　　　　　审批：　　　　　　　　　　　　年　　月　　日

表格18：退料单（1）

退料单（1）

编号：　　　　　　　　　　　　　　　　　　　　　填写日期：　　年　　月　　日

材料名称		材料编号	
材料重量（数量）		规格	
实收数量		退回数量	
退料原因			
备注			
验收主管		验收专员	
采购主管		采购专员	

审批：　　　　　　　　审核：　　　　　　　　填表人：

表格19：退料单（2）

退料单（2）

退料部门：　　　　　　　　　　　　　　　　　　　编号：

原领料批号：　　　　　　　　　　　　　　　　　　日期：　　年　月　日

退料名称	材料编号	退料量	实收量	退料原因					
				溢领	省料	不适用	品质差	订单取消	其他
备注									

登账：　　　　点收：　　　　主管：　　　　退料人：

表格20：退料月统计表

退料月统计表

编号：　　　　　　　　　　　　　　　　　　　日期：　　年　月　日

品名	规格	材料编号	退回数量	实收数量	单价	金额	原料价格	退料原因

表格21：物料拒收月统计表

物料拒收月统计表

编号：　　　　　　　　　　　　　　　　　　　　　　　　日期：　　年　　月　　日

序号	交货单编号	材料名称	材料编号	数量	供应商	供应商编号	交货日	不良内容	处理方法
合计									

主管：　　　　　　　　　　　　　　　　　　　　制表人：

第三章　物品出库专项管理

物品出库管理主要包括物料出库、半成品出库、成品出库等，各级仓管人员必须严格做好各类物品出库的管理工作，确保出库工作圆满完成。

第一节　物品出库专项制度管理

物品出库管理制度很多，如仓库发料管理制度、仓库备料管理制度、物料退料管理制度等，这些制度主要用于对各项物品出库管理工作进行规范，以便仓管人员按照制度要求开展工作。例如仓库备料管理制度对备料职责、备料流程做了明确规定，仓管人员在开展备料工作时，应按照其规定进行。

制度01：仓库发料管理制度

文件名称	仓库发料管理制度	编号	
		版本	A／0

一、目的

为加强仓库发料管理，特制定本制度。

二、适用范围

适用于对仓库发料的管理。

三、内容

1．发料员职责

（1）每天上班第一时间做好5S；保持物料的整齐，地面的干净卫生。

（2）下班前，必须关灯、风扇及门窗。

（3）发料、退料必须保证通道、消火栓、灭火器等设备范围内无安全隐患。

（4）有权力对非仓库人员或未经允许擅自出入仓库，在仓库乱拿、乱放、踩踏、破

（续表）

坏等一切行为的控制、阻止与警告，并及时知会仓管员或主管。

2．发料规定

（1）没有领料单或没有填写单号不允许发料。

（2）所有物料数量不得多发、少发，且一定要清点数量。种类不得多给和少给，规格种类不得错乱、含糊、混淆等。

（3）所有物料先领取尾数；所有物料尽量只允许有一个尾数。每种物料发放完成时，必须将其摆放整齐。

（4）必须填写物料结存卡，且必须准确；不得弄丢和放错位置。

（5）物料到达车间后的摆放，必须符合车间要求。

（6）所有发给车间的物料，必须经过当班组长的清点和领料单的签名确认回单。

（7）车间领料单在其签收之后，不得以未发完为由继续发放或领取。也不允许私自发放物料到车间或带车间人员到仓库领料。

（8）物料发放完后，发料员必须在领料单上仓管员处签名。

3．退料

（1）车间退料单必须填写单号、名称、规格、数量；合格品则要求车间按原包装数量和规格退回；不良品需注明原因和检验员签名。

（2）退回的物料，必须有明显标示；不相同的物料不允许放在同一箱/架。且退回的物料要按要求放在指定的地方。

（3）经车间处理过的物料：如发现有已打印、贴标、封胶、折叠等现象，拒绝退料。

（4）所有物料的摆放，面积不要超过黄线。

（5）物料用的木托盘，不允许在仓库、乱放和竖立，必须统一地方。

（6）仓库已经固定或规划好的物料及其他设备，不得挪作他用。

四、附则

（1）本制度由仓库管理部门主持制定，其修改、解释权归仓库管理部门所有。

（2）本制度经总经理批准后，自颁布之日起实施。

编制		审核		批准	

制度02：仓库备料管理制度

<table>
<tr><td rowspan="2">文件名称</td><td rowspan="2">仓库备料管理制度</td><td>编号</td><td></td></tr>
<tr><td>版本</td><td>A／0</td></tr>
<tr><td colspan="4">

一、目的

为了规范本公司的生产材料的投料、准备和领料管制，以达成公司品质目标和满足客户关注的需求，特制定本制度。

二、适用范围

适用于公司所有生产材料投料、领用等所有活动的管理。

三、内容

1．职责

（1）品质部负责在领用过程中出现的品质问题的反馈和出具处理意见，并做好检验状态标志。

（2）生产部负责出具领料单据，并确保单据的正确性。

（3）仓库负责所有生产材料的准备及发放工作。

2．备料流程

（1）仓库记账员根据生产计划在ERP系统中的“生产投料单”打印“领料单”，并交到仓库备料人员手中（生产计划提前12小时下达“生产投料单”），生产计划对紧急订单应在“生产投料单”上注明。

（2）如遇到无库存或其他问题，备料人员应马上通知车间领料人员。

（3）仓库备料人员应及时把“领料单”下发到仓库各保管员手中，并对其中的紧急订单，要求保管员优先处理。

（4）仓库备料人员随时跟踪备料情况，及时通知车间领料人员领料。

（5）车间领料人员在接收过程中，应认真核对材料的名称、规格和数量，并在“领料单”上签字确认。材料在车间生产过程中，出现缺少时，车间出具“超标物料领用单”领料。

（6）车间领料过程中出现的品质问题，应立即通知品质部进行判定，作出书面处理意见。并通知生产部、计划部、采购部、仓库等相关部门。

四、附则

（1）本制度由仓库管理部门主持制定，其修改、解释权归仓库管理部门所有。

（2）本制度经总经理批准后，自颁布之日起实施。

</td></tr>
</table>

编制		审核		批准	

制度03：退料补货管理制度

<table>
<tr><td rowspan="2">文件名称</td><td rowspan="2">退料补货管理制度</td><td>编号</td><td></td></tr>
<tr><td>版本</td><td>A／0</td></tr>
<tr><td colspan="4">

一、目的

为加强对物料退料补货的管理，确保退料补货能及时满足生产的需要，特制定本制度。

二、适用范围

适用于退料补货的管理。

三、工作程序

1．职责

（1）仓库：负责退料的清点与入库工作。

（2）品质部：负责退料的品质检验工作。

（3）生产部：负责物料退货与补料工作。

2．退料汇总

生产部门将不良物料分类汇总后，填写“退料单”，送至品质部IQC组。

3．品管鉴定

品管检验后，将物料分为报废品、不良品与良品三类，并在“退料单”上注明数量。规格不符物料、超发物料及呆料在退料时，退料人员在“退料单”上备注，不必经过品管人员而直接退到仓库。

4．退货

生产部门将分好类的物料送至仓库，仓库管理人员根据“退料单”上所注明的分类数量，经清点无误后，分别收入不同的仓位，并挂上相应的“物料卡”（有关作业参考“不合格品控制程序”和“呆废料管理办法”）。

5．补货

因退料而需补货者，需开“补料单”，退料后办理补货手续。

6．账目记录

仓库管理员及时将各种单据凭证入账。

7．表单的保存与分发

仓库管理员将当天的单据分类归档或集中分送到相关部门。

四、附则

（1）本制度由仓库管理部门负责制定，其修改、解释权归仓库管理部门所有。

（2）本制度经总经理批准后，自颁布之日起实施。

</td></tr>
</table>

编制		审核		批准	

制度04：半成品出库控制程序

文件名称	半成品出库控制程序	编号	
		版本	A／0

一、目的

对半成品的出库进行适当控制，防止品质发生变异。

二、适用范围

适用于生产的半成品出库控制管理（不包括外发加工的半成品）。

三、内容

1．职责

（1）计划物控（PMC）部计划（PC）组：生产指令的下达。

（2）PMC部物控（MC）组：半成品发放指令的下达。

（3）仓库：半成品的发放工作。

（4）生产部：半成品的接收工作。

2．下达生产命令

（1）计划部门根据“周生产计划”和物控部提供的物料资料签发“制造命令单”给物控部。

（2）物控部门根据“制造命令单”开列“半成品发料单”，并分别派发至生产部门和仓库门。

3．半成品发放

（1）仓库管理员接收到“半成品发料单”后，首先与BOM核对，有误时应及时通知物控开单人员，直至确认无误后，将“半成品发料单”交给仓库物料员发料。

（2）物料员点装好物料后，及时在“物料卡”上做好相应记录，同时检查“物料卡”的记录正确与否，并在“物料卡”上签上自己的名字。

4．半成品交接

物料员将物料送往生产备料区，与备料员办理交接手续，无误后在“半成品发料单”上签上各自的名字，并各自取回相应联单。

5．账目记录

仓库管理员按“半成品发料单”的实际发出数量填列账目。

6．表单的保存与分发

仓库管理员将当天有关的单据分类整理好存档，或集中分送到相关部门。

（续表）

四、附则 （1）本程序由仓库管理部门负责制定，其修改、解释权归仓库管理部门所有。 （2）本程序经总经理批准后，自颁布之日起实施。					
编制		审核		批准	

制度05：成品出库管理制度

文件名称	成品出库管理制度	编号	
		版本	A／0

一、目的

为加强对成品的出库进行适当管理，特制定本制度。

二、适用范围

适用于成品出库的管理。

三、内容

1．职责

（1）计划物控（PMC）部：成品出货指令的传达。

（2）仓库：成品的发放工作。

（3）品质部：成品出货前的检验工作。

2．出货指令下达

PMC部根据“月出货计划”和报关、船务、商检等部门的单证齐备情况，将营业部的“提货单”转发至仓库门，并在出货前4小时通知品质部OQC（英文Outgoing Quality Control的缩写，是指出货品质控制，即产品出货前，按照供求双方合约或订单议定的标准，实施的出货检验工作）组。

3．出货检验

OQC组接到PMC部门的通知后，即着手对出货成品进行检验，并在出货前完成检验工作。

4．成品出库

（1）仓库管理员收到“提货单”后，开出“成品出库单”，经主管签字认定。

（续表）

（2）货柜到后，仓库出货人员核实货柜各种单证，品质部OQC组也抽一人监督成品出货，防止数量和品质异常事故的发生。 （3）装完货柜后，OQC人员在“成品出库单”上签字，仓库管理人员到行政部门领“开门放行条”，经仓管经理、PMC主管签名后，交于司机，成品出货人员将其他单证交于有关人员。 （4）成品出货人员须详细填写“装柜资料单”。 5．账目记录 仓库管理员按“成品出库单”的实际发出数量记好账目。 6．表单的保存与分发 仓库管理员将当天有关的单据分类整理好存档或集中分送到相关部门。 **四、附则** （1）本制度由仓库负责制定，其修改、解释权归仓库所有。 （2）本制度经总经理批准后，自颁布之日起实施。

编制		审核		批准	

第二节　物品出库专项表格管理

物品出库管理表格主要用于对物品出库管理各项工作、信息进行记录，例如领料单主要用于对领料信息的记录，记录内容包括领用部门、领用日期等。各级仓管人员在物品出库管理工作中，应及时将各项必要的信息记录在相应表格中，以备查看。

表格01：领料单

领料单

编号：　　　　　　　　　　　　　　　　　　　　　　领料人：

领用部门		材料用途	
领用日期		发料日期	

（续表）

材料名称	编号	材料规格	单位	请领数量	实发数量	单价	备注
备注							
发料人签字			审核人				

表格02：领料统计表

领料统计表

编号：　　　　　　　　　　　　　　　　　　　　日期：　　年　　月　　日

物料名称	物料规格	单位	前月结存量	本月领用量	本月耗用		本月结存量	备注
					耗用量	他用量		

经理：　　　　　　　主管：　　　　　　　经办：　　　　　　　填表：

表格03：物料内部调拨单

物料内部调拨单

拨出仓库：　　　　　　　　　　　　　　　　　　　　　拨入仓库：

开单日期：　　　　年　　月　　日　　　　　　　　　　　　　　　　　　　　字第　　　号

<table>
<tr><th rowspan="2">项数</th><th colspan="2">物品编码</th><th rowspan="2">物品名称及说明</th><th rowspan="2">单位</th><th colspan="2">数量</th><th rowspan="2">相关文件</th><th rowspan="2"></th></tr>
<tr><th>物品号码</th><th>检查号码</th><th>请领</th><th>实拨</th></tr>
<tr><td></td><td></td><td></td><td></td><td></td><td></td><td></td><td rowspan="2">运交地点</td><td rowspan="2"></td></tr>
<tr><td></td><td></td><td></td><td></td><td></td><td></td><td></td></tr>
<tr><td></td><td></td><td></td><td></td><td></td><td></td><td></td><td rowspan="2">调拨单编号</td><td rowspan="2"></td></tr>
<tr><td></td><td></td><td></td><td></td><td></td><td></td><td></td></tr>
<tr><td></td><td></td><td></td><td></td><td></td><td></td><td></td><td rowspan="2">管料员发料签章</td><td rowspan="2">年　月　日</td></tr>
<tr><td></td><td></td><td></td><td></td><td></td><td></td><td></td></tr>
<tr><td></td><td></td><td></td><td></td><td></td><td></td><td></td><td>会章</td><td></td></tr>
<tr><td></td><td></td><td></td><td></td><td></td><td></td><td></td><td>登账员</td><td></td></tr>
</table>

拨入收料主管：　　　　　　　经办人：　　　　拨出发料主管：　　　　　　　经办人：

第一联：核办部门存查　　　　　　　　　　第四联：收料部门送分公司料账部门

第二联：拨料部门登账后存查　　　　　　　第五联：收料部门登账后存查

第三联：拨料部门送分机构料账部门　　　　第六联：收料部门签复拨料单位

核办主管：　　　　　　　　　　　　　　　经办人员：

表格04：成品零件、外购件借用凭证

成品零件、外购件借用凭证

编号：

产品型号		借用部门		借用日期	
借用零件名称	借用零件型号	单位	数量	用途说明	备注

仓管经理：　　　　　　借用部门主管：　　　　　　借用人：　　　　　　发料人：

表格05：材料外借记录表

材料外借记录表

日期：　　年　　月　　日

借出记录	借出记录	单据种类	借出公司	单据编号	品名	代号	单位	数量	备注
	归还记录	单据种类	归还公司	单据编号	品名	代号	单位	数量	备注

表格06：委托加工物资领料单

委托加工物资领料单

加工企业：　　　　　　　　发料日期：　　　　　　　　发料仓库：

<table>
<tr><th>合同编号</th><th colspan="2">加工后材料名称规格</th><th colspan="2">计量单位</th><th colspan="2">数量</th><th>加工要求</th><th>交货日期</th></tr>
<tr><td></td><td colspan="2"></td><td colspan="2"></td><td colspan="2"></td><td></td><td></td></tr>
<tr><td></td><td colspan="2"></td><td colspan="2"></td><td colspan="2"></td><td></td><td></td></tr>
<tr><td></td><td colspan="2"></td><td colspan="2"></td><td colspan="2"></td><td></td><td></td></tr>
<tr><td></td><td colspan="2"></td><td colspan="2"></td><td colspan="2"></td><td></td><td></td></tr>
<tr><td rowspan="2">材料编号</td><td rowspan="2">材料名称</td><td rowspan="2">计量单位</td><td rowspan="2">数量</td><td colspan="2">材料成本</td><td rowspan="2">加工费</td><td rowspan="2">运输费</td><td rowspan="2">实际成本合计</td></tr>
<tr><td>单价</td><td>金额</td></tr>
<tr><td></td><td></td><td></td><td></td><td></td><td></td><td></td><td></td><td></td></tr>
<tr><td></td><td></td><td></td><td></td><td></td><td></td><td></td><td></td><td></td></tr>
<tr><td></td><td></td><td></td><td></td><td></td><td></td><td></td><td></td><td></td></tr>
<tr><td></td><td></td><td></td><td></td><td></td><td></td><td></td><td></td><td></td></tr>
</table>

记账：　　　　　　　　发料：　　　　　　　　制单：

表格07：物料收发日报表

物料收发日报表

仓库名称：　　　　　　　　　　　　　　　　　　统计日期：

品名	前日进货累计	本日进货	进货累计	未进货量	前日出货累计	本日出货	出货累计	库存	退货		备注
									本日	累计	

审核：　　　　　　　　　　　　　　　　　　填表：

表格08：成品出货单

成品出货单

日期：　　年　　月　　日

项目	产品	材料编号	品名	规格	单位	数量	说明
							□销货 □样品 □检验 □其他
厂长批示		生产部经理			品质管理部	仓储部	提货人

表格09：出库复核记录表

出库复核记录表

序号	出库日期	物品名称	规格	物品编号	数量	批号	提货单位	发货人	品质情况	复核人	备注

表格10：物品出库账目表

物品出库账目表

年		凭证		摘要（自提或送货）	收入	发出	结存
月	日	种类	号码				

表格11：发货员考核表

发货员考核表

绩效考核人员名单			
被考核人员			
考核地点		考核时间	

考核项目	考核内容	分值	实际得分
出库前准备工作	选择好发货的货区、货位	10	
	安排好出库货物的堆放场地	10	
	认真检查出库货物	10	
	妥善安排人力和机械设备	10	
	准备好包装材料	10	
出库作业	认真核对出库凭证	5	
	准备备货或理货	10	
	认真复核和正确登账	10	
	包装正确	10	
	交接手续清晰	5	
	异常情况处理恰当	10	
合计		100	

备注：考核满分为100分，60～70分为及格，71～80分为中，81～90分为良好，91分以上（含91分）为优秀。

第四章　物品搬运专项管理

仓库现场经常搬运物料、成品、半成品，因此仓管经理必须加强对仓库现场的搬运管理，防止出现事故。

第一节　物品搬运专项制度管理

物品搬运管理制度很多，如搬运作业指导书、危险化学品搬运作业管理规定、搬运工安全操作规程等。这些制度主要用于对各项物品搬运管理工作进行规范，以便仓管人员按照制度要求开展工作。例如，危险化学品搬运作业管理规定对危险化学品的定义、危险化学品搬运基本要求都做了明确规定，仓管人员在搬运危险化学品时，应按照其规定进行。

制度01：二次加工品搬运作业指导书

文件名称	二次加工品搬运作业指导书	编号	
		版本	A／0

一、目的

为使产品在搬运过程中，不会因作业不当而造成产品损坏和产品混淆，规范搬运过程，进而保障供给客户品质稳定的产品。

二、适用范围

适用于二次加工所有产品的搬运过程。

三、内容

1．制品搬运移动过程

（1）半成品领料人员每天从成型车间领取半成品到二次加工半成品待检区，按产品名称和模号进行区分放置，发现不合格、待处理的产品必须按不合格内容进行区分，并标示为“待处理产品”，在此过程中需确认周转箱重叠的箱数不可超过8个，周转箱和重叠的产品是否为同一产品与同一模号。

（续表）

（2）产品修理人员按领料人员区分出的“待处理产品”根据需修理内容，从半成品区把产品搬移到工作台对产品进行修理，处理完成后，放到待检处待检。

（3）产品外观检查人员在半成品区搬运产品到外观检查作业台时，必须确认产品是否可以直接进行外观检查。如果不需要，再对产品进行修理。在此过程中，各作业人员必须对产品名称和模号进行确认，对产品轻拿轻放，外观检查完成后将产品按“部品包装规格书”要求放入产品专用容器内，搬运到“待包装部品处”进行产品捆包作业。若产品外观检查完毕后，有剩余零星数量的产品（不够成品捆包数量标准）并且暂不进行该模号产品外观检查时，可将其放置到“产品尾数放置处”，按产品名称与模号进行区分。

（4）产品捆包作业后，放到搬运专用的小板车上（以一个小板车为一个单位，每个单位重叠的周转箱不可高于7箱），将其搬运到出货检查处待检，入库检查时将该批产品判定为合格品后，由出库人员将该批合格成品搬运到指定地点，按产品名称、模号进行划定区域放置。等待出库通知下达时，由仓库人员按出库数量将产品搬运到卡板上，进行出库捆包作业，其产品的层叠高度不高于8个成品箱，成品箱与箱之间必须保持上下对齐，装车时卡板与卡板之间必须保持无间隔。

（5）产品在出库前，出库检验人员必须对检查的产品外包装进行全数确认，以便防止因产品周转箱受损使不良品流出。

2．注意事项

（1）在产品流程中的所有工序搬运产品时，应把周转箱放在小板车上搬运，不可直接放在地面上推行移动，所有工序中拿取产品时必须轻拿轻放，严禁不文明搬运。

（2）捆包成品应稳定整齐放置，不可倾斜倒置（按成品捆包纸箱上的箱头标志），堆码在卡板上时，产品标志（箱头纸）一面应置于外侧，在搬运过程中严禁把较轻或较少的产品放在较重产品的下面。若无特殊情况，严禁不同品名、型号的产品混装（包括成品出库）。

（3）用电梯搬运时，产品堆放不可超出电梯门，以免被夹损。用电瓶升降车搬运或装卸产品时，应掌握电瓶升降车平衡，以避免产品被摔落。

四、附则

（1）本指导书由仓库管理部门负责制定，其修改、解释权归仓库管理部门所有。

（2）本指导书经总经理批准后，自颁布之日起实施。

编制		审核		批准	

制度02：成品、半成品搬运作业指导书

文件名称	成品、半成品搬运作业指导书	编号	
		版本	A／0

一、目的

为了保证产品在搬运过程中得到有效防护，避免磕、碰、划伤，特制定本作业指导书。

二、适用范围

适用于公司内工序间半成品、成品的搬运及外协半成品件的搬运。

三、内容

1．基本要求

要求产品在搬运过程中，根据产品的特点选择合适的搬运工具，依照产品各自的要求搬运，轻拿轻放，防止产品变形、损坏。

2．销轴类零件搬运

销轴类零件的转运应使用轴类周转架，并根据销轴类零件的尺寸确定单个周转架放置的数量，不得重叠放置，其间应留有一定的距离。销轴类零件不得两件以上同时吊运。装配使用其专用的轴类周转架，和其他工序不得混用。

3．有加工面且加工面有密封要求的零件的搬运

搬运时应对零件的加工面进行有效的保护，尽可能使用专用周转架转运。搬运时不得伤及加工面，并避免磕碰。

4．履带架、转台、动臂等结构件的搬运

转运结构件时原则上要求使用专用的干净绳套，放置时摆放整齐并固定好。起吊时注意吊装部位，保持平衡。当有条件限制时，应使用软绳吊装，禁止使用钢丝绳、钢链等吊具直接接触工件吊装，以免对工件造成伤害。其他小型结构件的转运应使用专用的周转车，零部件之间留有一定间隙，所载零部件的重量不能超出周转车允许的载重量。

5．液压软、硬管的搬运

液压软、硬管放置应使用其专用货架，搬运时不得损坏液压软、硬管油漆表面及标志。入库及送货应使用油管专用周转架。

四、附则

（1）本指导书由仓库管理部门负责制定，其修改、解释权归仓库管理部门所有。

（2）本指导书经总经理批准后，自颁布之日起实施。

编制		审核		批准	

制度03：危险化学品搬运作业管理规定

文件名称	危险化学品搬运作业管理规定	编号	
		版本	A／0

一、目的

为加强对危险化学品的搬运管理，特制定本规定。

二、适用范围

适用于对仓库现场内所有危险化学品的搬运作业管理。

三、内容

1．定义

危险化学品具有自燃、爆炸、助燃、毒害、腐蚀等危险特性，受到摩擦、振动、撞击，或接触火源、日光暴晒、遇水受潮，或温度、湿度变化，以及性能相抵触等外界因素的影响，会引起燃烧、爆炸、中毒、死亡等灾害性事故，造成重大的破坏和损失。因此，搬运过程中的安全操作极为重要。对于不同特性的危险化学品，其搬运有各自特殊的要求。

2．危险化学品搬运基本要求

（1）仓库现场应有统一指挥，有明确固定的指挥信号，以防作业混乱发生事故。仓库现场搬运人员和机具操作人员，应严格遵守劳动纪律，服从指挥。非搬运人员，均不得在仓库现场逗留。

（2）对各种搬运设备，必须制定安全操作规程，并由经过操作训练的专职人员操作，以防发生事故。

（3）在搬运危险品操作前，必须严格执行操作规程和有关规定，预先做好准备工作，认真细致检查搬运工具及操作设备。工作完毕后，沾染在工具上面的物质必须清除，防止物质相互抵触引起化学反应。对操作过氧化剂物品的工具，必须清洗后方可使用。

（4）人力搬运时，应量力而行，配合协调，不可冒险违章操作。

（5）操作人员不准穿带钉子的鞋。根据不同的危险特性，应分别穿戴相应的防护用具。对有毒的腐蚀性物质，更要加强注意，应适当考虑在操作一段时间后，呼吸新鲜空气，避免发生中毒事故。操作完毕后，防护用具应进行清洗或消毒，保证人身安全。各种防护用品应有专人负责，专储保管。

（6）搬运危险品应轻搬轻放，防止撞击摩擦，摔碰震动。液体铁桶包搬运垛，不应用快速溜放办法，防止包装破损。对破损包装可以修理者，必须移至安全地点，整修后再搬运，整修时不得使用可能发生火花的工具。

（续表）

（7）散落在地面上的物品，应及时清除干净。对于没有利用价值的废物，应采用合适的物理或化学方法处置，以确保安全。

（8）搬运作业完毕后，应及时洗手、脸、漱口或沐浴。中途不得饮食、吸烟。并且必须保持现场空气流通，防止沾染皮肤、黏膜等。搬运人员发现头晕、头痛等中毒现象，按救护知识进行急救，严重者应立即送医院治疗。

（9）两种性能相互抵触的物质，不得同时搬运。对怕热、怕潮物资，搬运时要采取隔热、防潮措施。

3．压缩气体和液化气体搬运要领

（1）储存压缩气体和液化气体的钢瓶是高压容器，搬运作业时，应用抬架或搬运车，防止撞击、拖拉、摔落，不得溜坡滚动。

（2）搬运前应检查钢瓶阀门是否漏气，搬运时不要把钢瓶阀对准人身，注意防止钢瓶安全帽跌落。

（3）搬运有毒气体钢瓶，应穿戴防毒用具。剧毒气体钢瓶要当心漏气，防止吸入毒气。

（4）搬运氧气钢瓶时，工作服和搬运工具不得沾有油污。

（5）易燃气体严禁接触火种，在炎热季节搬运作业应安排在早晚阴凉时。

4．易燃液体

易燃液体的闪点低，气化快，蒸气压力大，又容易和空气混合成爆炸性的混合气体，在空气中浓度达到一定范围时，不但是火焰能引起它起火燃烧或蒸气爆炸，其他如火花、火星或发热表面都能使其燃烧或爆炸。因此，在搬运作业时必须注意以下几点：

（1）搬运作业前应先进行通排风。

（2）搬运过程中不能使用黑色金属工具，必须使用时应采取可靠的防护措施；搬运机具应装有防止产生火花的防护装置。

（3）在搬运时必须轻拿轻放，严禁滚动、摩擦、拖拉。

（4）夏季运输要安排在早晚阴凉时间进行作业；雨雪天作业要采取防滑措施。

（5）罐车运输要有接地链。

5．易燃固体

易燃固体燃点低，对热、撞击、摩擦敏感，容易被外部火源点燃，而且燃烧迅速，并散发出有毒气体。在搬运时除按易燃液体的要求处理，其作业人员禁止穿带铁钉的鞋，不可与氧化剂、酸类物资共同搬运。搬运时散落在地面上和车厢内的粉末，要随即以湿黄沙抹擦干净。装运时要捆扎牢固，使其不摇晃。

6．遇水燃烧物品

（续表）

遇水燃烧物品与水相互作用时发生剧烈的化学反应，放出大量的有毒气体和热量，由于反应异常迅速，反应时放出的气体和热量又多，使所放出来的可燃性气体迅速地在周围空气中达到爆炸极限，一旦遇明火或由于自燃易引起爆炸。所以，在搬运作业时要注意：

（1）要注意防水、防潮，雨雪天没有防雨设施不准作业。若有汗水应及时擦干，绝对不能直接接触遇水燃烧物品。

（2）在搬运中不得翻滚、撞击、摩擦、倾倒，必须做到轻拿轻放。

（3）电石桶搬运前须先放气，使桶内乙炔气放尽，然后搬动。须2人抬扛，严禁滚桶、重放、撞击、摩擦，防止引起火花。工作人员须站在桶身侧面，避免人身冲向电石桶面或底部，以防爆炸伤人。不得与其他类别危险化学品混装混运。

7．氧化剂

氧化剂在装运时除了注意以上规定外，应单独装运，不得与酸类、有机物、自燃、易燃、遇湿易燃的物品混装混运，一般情况下氧化剂也不得与过氧化物配装。

8．毒害物品及腐蚀物品

毒害物品尤其是剧毒物品，少量进入人体或接触皮肤，即能造成局部刺激或中毒，甚至死亡。腐蚀物品具有强烈腐蚀性，除对人体、动植物体、纤维制品、金属等能造成破坏外，甚至会引起燃烧、爆炸。所以，在搬运时必须注意：

（1）在搬运时，要严格检查包装容器是否符合规定，包装必须完好。

（2）作业人员必须穿戴防护服、胶手套、胶围裙、胶靴、防毒面具等。

（3）搬运剧毒物品时要先通风，再作业，作业区要有良好的通风设施。剧毒物品在运输过程中必须派专人押运。

（4）搬运要平稳，轻拿轻放，严禁肩扛、背负、冲撞、摔碰，以防止包装破损。

（5）严禁作业过程中饮食；作业完毕后必须更衣洗澡；防护用具必须清洗干净后方能再用。

（6）装运剧毒品的车辆和机械用具，都必须彻底清洗，才能装运其他物品。

（7）搬运现场应备有清水、苏打水和稀醋酸等，以备急用。

（8）腐蚀物品装载不宜过高，严禁架空堆放；坛装腐蚀品运输时，应直套木架或铁架。

四、附则

（1）本规定由仓库管理部门负责制定，其修改、解释权归仓库管理部门所有。

（2）本规定经总经理批准后，自颁布之日起实施。

编制		审核		批准	

制度04：搬运工安全操作规程

<table>
<tr><td rowspan="2">文件名称</td><td rowspan="2">搬运工安全操作规程</td><td>编号</td><td></td></tr>
<tr><td>版本</td><td>A/0</td></tr>
<tr><td colspan="4">

一、目的

为加强仓库搬运操作安全管理，特制定本规程。

二、适用范围

本规程适用于所有仓库搬运人员操作安全管理。

三、内容

（1）穿戴好工作服、安全帽、手套等防护用品。严禁在仓库嬉戏打闹，吸烟，酒后上班等，严格遵守仓库“十不准”管理制度。

（2）严格遵守易燃、易爆及化学危险物品装卸运输有关规定。装卸、搬运粉散材料及有毒气散发的物品，应佩戴必要的防护用品。

（3）工作前应认真检查所用工具是否完好可靠，不准超负荷使用。

（4）装卸时应做到轻装轻放，重不压轻，大不压小，堆放平稳，捆扎牢固。

（5）人工搬运、装卸物件应按物件轻重配备人员。杠棒、绳索、推车等工具必须完好可靠。多人搬运同一物件时，要有专人指挥，并保持一定间隔，一律顺肩，步调一致。

（6）调动、堆放物件不可歪斜，高度要适当，对易滑动物件要用木块垫塞，不准将物件堆放在安全道内。

（7）用机动车辆装运货物时不得超载、超高、超长、超宽，要有可靠措施和明显标志。

（8）装车时，随车人员要注意站立位置。车辆行驶时，不准站在物件和前栏板之间，车未停妥不准上下。

（9）装卸和转运货物应挂规定吊点，起吊装箱件时应先检查箱体脚底是否牢固完好，按吊线标志吊挂，并经试吊确认稳妥后方能起吊。

（10）使用吊车、钢管滚动滑移货物时，要有专人指挥，路面要坚实，绳索套结要找准重心，保持直线行进，有棱角快口部位应设垫衬，卸车或下坡应加保险绳，货物前后和牵引钢丝绳边不准站人。

（11）装运易燃易爆化学危险品时严禁与其他货物混装，要轻搬轻放。搬运场地不准吸烟，车厢内不准坐人。

（12）装卸搬运时，应根据吊位变化，注意站立位置，严禁站在吊物下面，与板钩保持适当距离且不能站在其正对面。

</td></tr>
</table>

（续表）

（13）在高栏板车厢装卸货物，起重驾驶员无法看清车厢内的指挥信号时，应设中间指挥，正确传递信号。 **四、附则** （1）本制度由仓库负责制定，其修改、解释权归仓库所有。 （2）本制度经总经理批准后，自颁布之日起实施。					
编制		审核		批准	

制度05：叉车安全操作规范

文件名称	叉车安全操作规范	编号	
		版本	A／0

一、目的

为加强叉车的安全操作管理，特制定本规范。

二、适用范围

适用于所有使用叉车进行搬运作业的仓库员工。

三、内容

（1）叉车由仓管经理根据仓库现场搬运需要统一调配，由固定的专业人员驾驶操作，不准其他人员随意开动。

（2）工作当中因驾驶人员操作不当或不按操作规程发生碰撞而造成叉车车身或机内出现问题，按情节轻重给予当事人相应处罚。

（3）叉车作业前，应检查外观，加注燃料、润滑油和冷却水。

（4）检查灯光、信号是否齐全有效。

（5）叉车运行过程中应检查压力、温度是否正常。

（6）叉车运行后还应检查外泄漏情况并及时更换密封件。

（7）叉车除应检查以上内容外，还应按柴油叉车有关检查内容作相应检查。

（8）对叉车的电路进行检查。

（9）按规定项目、标准检查车辆各部技术状况，使之处于完好状态。

（10）起步前应观察叉车四周情况（气压或制动的车辆，制动气压表读数须达到规定值方可起步），确认安全后鸣笛起步。。

（续表）

（11）叉车在运行时，不准任何人上下车，叉车除驾驶室外其他部位严禁站人 （12）叉车行驶时不得将货叉升得过高。进出作业现场或行驶途中，要注意上空有无障碍物剐撞。禁止急刹车和急转弯。 （13）叉车工作时，起落必须平稳，如有必要须用绳子、索链封牢固。必须严格按本车载荷曲线图所规定的数值叉运货物，严禁超载。 （14）叉车载物行驶在超过坡度7°时和用高于一档的速度上下坡时，非特殊情况不得使用脚制动器。 （15）叉车停车后禁止将货物悬于空中，卸货后应先降起重架后行驶。 （16）叉车的起重升降或行驶时，禁止任何人员站在货叉上把持物件或起平衡作用。叉车叉物升降时，货叉近处禁止有人。 （17）在仓库现场停放车辆时，司机不准离车，如需暂时离开时，必须把钥匙拔下，电闸拉下。 （18）叉车在载物起步时，驾驶员应先确认所载货物平稳可靠。 （19）行驶时，货叉底端距地面高度应保持300～500毫米，门架须后倾。 （20）行驶时不得将货叉升得太高。进出作业现场或行驶途中，要注意上空有无障碍物刮碰。载物行驶时，如货叉升得太高，会增加叉车总体重心高度，影响叉车的稳定性。 （21）卸货后应先降落货叉至正常的行驶位置后再行驶。 （22）转弯时，如附近有行人或车辆，应发出信号，并禁止高速急转弯。高速急转弯会导致车辆失去横向稳定而倾翻。 （23）非特殊情况，禁止载物行驶中急刹车。 （24）叉车运行时，载荷必须处在不妨碍行驶的最低位置，门架要适当后倾，除堆垛或装车时，不得升高载荷。在搬运庞大物件时，物体挡住驾驶员的视线，此时应倒开叉车。 （25）叉车由后轮控制转向，必须时刻注意车后的摆幅出现的转弯过急现象。 （26）禁止在坡道上转弯，也不应横跨坡道行驶。 （27）叉车载货下坡时，应倒退行驶，以防货物颠落。 （28）禁止高速叉取货物和用叉头与坚硬物体碰撞。 （29）叉车作业时，禁止人员站在货叉上。 （30）叉车叉物作业，禁止人员站在货叉周围，以免货物倒塌伤人。 （31）检修车辆时，应将变速杆置于空挡，采取制动、掩轮以及支顶担重滑架等防护措施。 （33）清洁叉车及起重滑架；紧固螺丝；检查补充燃油、润滑油等。

（续表）

四、附则 （1）本规范由设备管理部门负责制定，其修改、解释权归设备管理部门所有。 （2）本规范经总经理批准后，自颁布之日起实施。					
编制		审核		批准	

制度06：堆高机使用规范

文件名称	堆高机使用规范	编号	
		版本	A／0

一、目的

为使堆高机操作员了解全电动堆高机的特点与构造，掌握全电动堆高机的上架操作流程、注意事项、日常维护等，特制定本规范。

二、适用范围

适用于所有堆高机操作人员。

三、内容

1．操作方法

堆高机操作员持证上岗，熟悉堆高车操作必须在空旷的场地上进行，待基本熟悉后才可在货架一层、二层使用，熟悉一个月后，才可操作三、四、五层货物堆放。

（1）堆高车启动：检查，确保电池充满电，且指标灯亮。将钥匙插入电锁中，顺时针旋转，提起急停开关，以启动堆高车。

（2）堆高车的前进/后退：将堆高车的控制手柄扳向自己一面，向下摆动一个适当的角度（离开竖直位置但也不能压至最低位置），然后用拇指转动两个旋钮开关：若将此开关向前转，则堆高车前进，若将此开关向后转，则堆高车后退。前进/后退的速度由此旋钮开关的转动角度大小来控制，在启动时或周围空间较小时，为了保证安全，转动角度应控制得小一点，以减缓行驶速度。手柄上有低速按钮，按下则限定低速行驶。

（3）堆高车的货叉升降：用手指按下控制手柄上画有上升标记的按钮，则货叉上升；按画有下降标记的按钮，则货叉下降；放开后则立即停止升降。

（续表）

（4）肚皮安全开头：当堆高车后退时，如身体碰撞红色肚皮开关，堆高车将立即停止，并向前进方向反向运动一小段距离，这主要是为了防止操作员的身体受到挤压伤害。 （5）堆高车的常规停车：当操作员需要堆高车平稳停车时，将拇指松开，旋转开关将自动复位，此时通过控制器产生反向电流，堆高车将再运动极小段距离后平稳停车。 （6）车辆充电：当电量表发出闪烁信号，即“电量耗尽”报警时，应及时充电。充电时，先将电锁关闭，并将钥匙从电锁中拔出。 2．载物步骤 （1）把堆高车移近重物的正前方。 （2）把货叉升到低于重物底面的适当高度。 （3）向前移动堆高车，使货叉伸到重物的下方。 （4）起升货叉，直到装上重物。 （5）堆高车连同重物一起后移，直至货叉具有下降空间。 （6）慢慢降低重物至适当高度。 3．放物步骤 （1）把载有重物的堆高车移近货架的正前方。 （2）提升重物到适当的高度。 （3）前移堆高车到适当的位置。 （4）慢慢降低重物，使重物托盘的下底面落坐在货架上。 （5）慢慢将堆高车连同其货叉移出货架。 4．堆高车运输安全注意事项 （1）在没有负载的情况下，要移动该堆高车，请将货叉降到最低位置。 （2）使用完毕后，请不要将堆高车留在工作现场，应停至指定地方，并将钥匙拔出。 （3）必须熟练掌握肚皮开关使用，注意保护自己。 （4）载物上升下降时，确保周围不要站人；车辆在行驶中，货架上不得站人。 （5）堆高机操作员及附近工作人员，必须佩戴安全帽，防止物料坠落伤及人员身体。 （6）车辆钥匙不得给仓库以外人员，除非得到上级允许。 5．日常维护 指定责任人员对指定堆高车每天进行维护保养，发现异常必须及时上报至仓库课长处，由公司设备负责维修。 （1）检查是否漏油。

（续表）

（2）检查急停开关。 （3）检查喇叭。 （4）检查控制手把上的移动控制器。 （5）检查轮子及货叉。 （6）检查提升链条。 （7）检查充电器，车辆电量。 （8）检查肚皮开关。 （9）检查电瓶液面是否在规定范围之内。 6．特别说明 （1）新进堆高机操作员必须学习以上内容，同时熟练掌握。 （2）以上内容纳入绩效考核，不定时检查仓管员的熟练使用程度，掌握水平高的将给予绩效鼓励，违反以上安全事项的，将采取绩效处罚。由仓库课长负责考核。 （3）车辆系公司贵重设施、财物，各位员工有义务爱护、爱惜。 **四、附则** （1）本制度由设备管理部门负责制定，其修改、解释权归设备管理部门所有。 （2）本制度经总经理批准后，自颁布之日起实施。

编制		审核		批准	

第二节　物品搬运专项表格管理

物品搬运管理表格主要用于对物品搬运管理各项工作、信息进行记录。例如，搬运工作一览表主要用于对各类搬运工具进行记录，记录内容包括搬运工具名称、搬运物品等。各级仓管人员在物品搬运管理工作中，应及时将各项必要的信息记录在相应表格中，以备查看。

表格01：物料搬运分析表

物料搬运分析表

工厂：　　　　　　　　　　　　　分析员：

物料性质分析：　　　　　　　　　日期：

类别			搬运项目	包装方式	容器尺寸			单位重量	形状	其他说明及搬运注意事项	搬运等级
物料	半成品	成品			长	宽	高				

表格02：搬运工具一览表

搬运工具一览表

搬运工具名称	搬运物品			每月工作量（小时）					设备需要量
	名称	每月数量	单位	人力	装载	卸货	搬运	合计	

表格03：搬运记录表

搬运记录表

时间	摘要	数量（件）	搬运人员签字

制表： 主管：

表格04：物品特征描述表

物品特征描述表

<table>
<tr><th rowspan="3">物品名称</th><th rowspan="3">物品的实际最小单元</th><th colspan="7">单元物资的物理特征</th><th colspan="3">其他特征</th><th rowspan="3">类别</th></tr>
<tr><th colspan="3">尺寸</th><th rowspan="2">重量</th><th rowspan="2">形状</th><th rowspan="2">损伤的可能性（对物资、人、设施）</th><th rowspan="2">状态（湿度、稳定性、刚度）</th><th rowspan="2">数量（产量）或批量</th><th rowspan="2">时间性</th><th rowspan="2">特殊控制</th></tr>
<tr><th>长</th><th>宽</th><th>高</th></tr>
<tr><td></td><td></td><td></td><td></td><td></td><td></td><td></td><td></td><td></td><td></td><td></td><td></td><td></td></tr>
<tr><td></td><td></td><td></td><td></td><td></td><td></td><td></td><td></td><td></td><td></td><td></td><td></td><td></td></tr>
<tr><td></td><td></td><td></td><td></td><td></td><td></td><td></td><td></td><td></td><td></td><td></td><td></td><td></td></tr>
<tr><td></td><td></td><td></td><td></td><td></td><td></td><td></td><td></td><td></td><td></td><td></td><td></td><td></td></tr>
<tr><td></td><td></td><td></td><td></td><td></td><td></td><td></td><td></td><td></td><td></td><td></td><td></td><td></td></tr>
<tr><td></td><td></td><td></td><td></td><td></td><td></td><td></td><td></td><td></td><td></td><td></td><td></td><td></td></tr>
<tr><td></td><td></td><td></td><td></td><td></td><td></td><td></td><td></td><td></td><td></td><td></td><td></td><td></td></tr>
</table>

表格05：搬运设备选择表

搬运设备选择表

作业	物的运动	物料重量（千克）	移动距离（米）	搬运机械和器具											
				手车	手推车	搬运车	电动搬运车	手推平板车	电动平板车	电动步行操纵叉车	叉车	侧面升降叉车	电动小型自动装卸货车	动力牵引车	运货汽车
搬送、移送	水平（间歇）	50～100	5～15	✓											
			15～50		✓										
		100～250	5～50		✓	✓									
			50～100		✓	✓	✓	✓							
		250～500	5～15		✓	✓		✓		✓					
			50～200		✓	✓	✓	✓	✓	✓	✓		✓		
			200以上				✓		✓	✓	✓		✓		
		500～1500	5～15			✓	✓	✓	✓	✓	✓	✓	✓		
			50～200				✓		✓		✓	✓		✓	
			200以上											✓	✓
		1500～3000	15～200				✓				✓	✓		✓	
			200以上											✓	✓

备注：表中“✓”表示被选的搬运设备。

第五章　日常储存管理

大部分物料、半成品、成品等都要储存在仓库中，因此，仓管各级人员都要做好日常储存工作，确保储存品质，避免储存不当带来损失。

第一节　日常储存专项制度管理

日常储存管理制度很多，如仓库物品堆放制度，仓库物品储存管理制度，仓库防潮、防虫、防鼠管理规定等。这些制度主要用于对各项日常储存管理工作进行规范，以便仓管人员按照制度要求开展工作。例如，仓库物品储存管理制度对木材、油料、易损物品等的储存都作了明确规定，仓管人员在实施储存工作时，应按照其规定进行。

制度01：仓库物品堆放制度

文件名称	仓库物品堆放制度	编号	
		版本	A／0

一、目的

为加强对仓库各类物品的堆放管理，特制定本制度。

二、适用范围

适用于所有需要堆放处理的物品。

三、内容

（1）原材料的堆放：按照先进先出和易用的原则，将原材料按品牌、规格和功能分开堆放。

（2）生产成品的堆放：成品做好要及时打包，并在包装上注明产品尺寸、名称、合同号、客户姓名，堆放时要按照产品的合同号和内外打材料分开堆放。

（3）半成品的堆放：未做完的半成品要与成品分开摆放，并且要保持半成品的干净和整洁，便于下次该半成品的继续制作。

（续表）

<table>
<tr><td colspan="6">（4）零余料的堆放：未用完的零余料要按照材料的规格、品牌、内外打分开摆放，并注明余料的尺寸。
（5）退货的堆放：有品质问题无法使用且可以退回材料供应商的材料要按照品牌、规格、内外打分开摆放，并注明其尺寸。严禁用退货的材料打包。
（6）生产辅材的堆放：生产辅材要按照品种分开存放，对于易燃、易爆品（如酒精、丙酮、油墨、汽油等）要用专用存放箱存放，并且在使用这些易燃、易爆品时要严格按照安全规定操作。
（7）安装材料的堆放：有待安装的材料及其他工程材料要和成品分开堆放，并且按照物品的名称分类存放。
四、附则
（1）本制度由仓库管理部门负责制定，其修改、解释权归仓库管理部门所有。
（2）本制度经总经理批准后，自颁布之日起实施。</td></tr>
<tr><td>编制</td><td></td><td>审核</td><td></td><td>批准</td><td></td></tr>
</table>

制度02：仓库物品储存管理制度

<table>
<tr><td rowspan="2">文件名称</td><td rowspan="2">仓库物品储存管理制度</td><td>编号</td><td></td></tr>
<tr><td>版本</td><td>A／0</td></tr>
<tr><td colspan="4">一、目的
为加强对仓库所储存的各类物品的管理，特制定本制度。
二、适用范围
适用于各类仓库（原料、半成品、成品及物品仓库）的安全管理。
三、内容
1．木材的储存规定
（1）应堆放在硬地。
（2）应远离火源。
（3）堆高如超过四层，应采用横竖交错的方式堆置。
（4）每堆木材高度应尽量相同。
2．袋装材料的储存规定</td></tr>
</table>

（续表）

（1）堆置及移动时应小心谨慎，保持平稳，不致倾塌。 （2）每堆不超过八层，堆置于地板上或货架上时，应确保地板或货架的强度足够。 （3）底部四层，每两层换一次方向交错叠放；从第五层起，每层的堆置方向应相互交替。 （4）至第五层以上时，应每五袋减少一袋，使堆垛向内缩进。 （5）检查堆置地面，不可有铁钉或尖锐物品。 （6）为整堆搬运方便，可考虑堆放在栈板上。 3．油料的储存要领 （1）油桶如露天存放，应慎防油料受污染。 （2）桶装油料的储存，应注意保持名称、标志的完整，并切实严禁烟火。要有禁烟标志、安全标志。 （3）油料储存场所，应有适当的防火设备。 （4）油料仓库内，应注意温度和湿度的变化，采用防火建筑，存放地点应远离热源，通风、采光均应良好。 （5）各项油料分装、装罐设备在不使用时应存于安全场所；固定式分装设备及活动式分装设备所用的容器管嘴、喷枪等均应分别标明专供何种油料使用，不可任意取用，以防不同油料混合时发生化学反应及产生危险。 （6）存油地点应保持清洁，不得有溅泼油料或其他易引起伤害的物品。 （7）高压气体不应和油料存放在同一仓库内。 4．易损物品的储存要求 易损物品是指那些在搬运、存放、装卸过程中容易发生损坏的物品，如玻璃、陶瓷制品、精密仪表等。对这类物品按以下方法保管： （1）尽可能在原包装状态下实施搬运和装卸作业。 （2）不使用带有滚轮的储物架。 （3）利用平板车搬运时，要对码层做适当捆绑后进行。 （4）一般情况下不允许使用吊车作业。严禁滑动方式搬运。 （5）严格限制摆放的高度。 （6）小心轻放，文明作业。 （7）不与其他物品混放。 （8）明确标示其易损的特性。 5．敏感物品储存措施

（续表）

敏感物品是指那些物品本身具有很敏感的特性，若控制失误就有可能导致失效或产生事故。如磷可在空气中自燃，色板怕日晒风化等。这类物品的保管要求为：

（1）接收时认真阅读并执行原制造商的保管要求。

（2）了解和掌握该类物品的特性，实施对口管理。

（3）必要时，要设置专人保管仓库。

（4）必须在原包装状态下搬运、保管和装卸。

（5）设置必要的敏感特性监视器具，以有效消除不合适的环境因素。

6．可疑物品储存措施

可疑物品是指那些性质、状态、规格和名称等不明了，或缺乏证据的物品。如：

（1）生产过程中被拉乱、生产人员不能识别其规格或品质好与坏的物品。

（2）物品的标志或状态遭到损坏，相关人员不能确定其性质和状态，或者有疑问的物品。

（3）工作或使用中发现可疑因素，致使人们对物品的原标志或状态产生怀疑等情况下所关联的物品。

（4）其他任何情况下所产生的有争议且无法定夺的物品。

可疑物品一律按不合格品处理。具体要求可参见企业的不合格品管理方法执行，只是在标示方法上注明是“可疑物品”。

7．长期库存物品储存措施

物品长期库存是不合理的，所以仓管经理应该尽量减少这类物品或及早采取措施消除。对长期库存的物品应按以下方法实施管理：

（1）指定专门存放区域予以隔离。

（2）定期检查专门存放区域的存放环境。

（3）定期确认存放物的包装状态和完好度。

（4）每月定期向上级通报被存物的状况。

（5）如物品有可能出货或使用时，要提前通知品质部重新进行检验。

（6）如物品有变质或不宜继续存放时，要迅速上报处理。

（7）存放物品的账目要清楚。

四、附则

（1）本制度由仓库管理部门负责制定，其修改、解释权归仓库管理部门所有。

（2）本制度经总经理批准后，自颁布之日起实施。

编制		审核		批准	

制度03：仓库防潮、防虫、防鼠管理规定

文件名称	仓库防潮、防虫、防鼠管理规定	编号	
		版本	A／0

一、目的

为加强对仓库防潮、防虫、防鼠的管理工作，特制定本规定。

二、适用范围

适用于对仓库防潮、防虫、防鼠的管理。

三、内容

1．通风防潮

（1）仓库应通风良好，防潮防霉。

（2）每日上班后，仓库管理员应打开窗户通风1～2个小时，并做好“仓库通风记录”。

（3）如遇有大风、阴雨等天气，可停止通风，并在记录上注明。

（4）仓库所有物料应按保存要求分别放置于货架或密闭容器中，避免受潮。

（5）仓库根据需要设置温、湿度的控制设施，以保证物料正常的储存条件，并做好“仓库温度、湿度记录”。

2．防虫措施

（1）仓库进出口处上方安装灭蚊灯，防止飞虫的进入。

（2）一旦发现有昆虫，应立即用灭蝇拍消灭。

（3）对在保质期内的物品应加强检查并进行必要的防虫、灭虫措施；已超过保质期的货物应妥善处理，以免污染周围环境。

（4）每日上班后，仓库管理员应开启灭蚊灯，诱杀蚊蝇，下班关闭。

3．防鼠措施

（1）仓库里装设有效的捕鼠设施。

（2）仓库里不得用毒饵和各种化学物品进行鼠虫控制。

（3）沿仓库内四边及不影响交通的立柱盘分别设置捕鼠夹，放在老鼠经常出没的角落。捕鼠夹按说明放置、更换。

（4）仓库管理员每日检查一次捕鼠夹。如捕到老鼠，应用水淹死，不得浇洒汽油、乙醇等易燃品焚烧。

（续表）

四、附则 （1）本规定由仓库管理部门负责制定，其修改、解释权归仓库管理部门所有。 （2）本规定经总经理批准后，自颁布之日起实施。

编制		审核		批准	

制度04：物料储存、保管、搬运管理办法

文件名称	物料储存、保管、搬运管理办法	编号	
		版本	A/0

一、目的

为使物料储存、保管、搬运有序进行，以达到维护品质的功效，特制定本办法。

二、适用范围

适用于公司所有物料的储存、保管与搬运管理。

三、内容

1．储存期限规定

（1）电子元器件的有效储存期为12个月。

（2）塑胶件的有效储存期为4个月。

（3）五金件的有效储存期为6个月。

（4）包装材料的有效储存期为6个月。

（5）成品的有效储存期为12个月。

（6）化工及危险品的储存期按供应商提供期限为准。

2．储存区域及环境

（1）储存区分为：待处理区、良品区和不良品区。

（2）储存条件：仓储场地须通风、通气、通光、干净，白天保持空气流畅，下雨天应关好门窗，以保证物料干燥，防止受潮。

（3）仓库内物料以常湿常温（5℃～35℃）环境储存。

（4）易变质物料在仓储期，要采取封保鲜纸、消毒等适当措施，防止产品变质。

3．储存规定

（1）储存应遵循三原则：防火、防水、防压；定点、定位、定量；先进先出。

（2）物料上下叠放时要做到“上小下大，上轻下重”。

（续表）

（3）易受潮物料，严禁直接摆放于地上，应放货架或卡板上进行隔离。 （4）呆废料必须分开储存。 （5）不允许有火种进仓，下班前应关好门窗及电源。 4．安全 （1）对危险化学物品的保管，须遵守“三远离，一严禁”的原则，即“远离火源、远离水源、远离电源，严禁混合堆放”。 （2）危险化学物品和易燃、易爆品要进入指定区域，并有专人保管。 （3）仓内严禁烟火，严禁做与本职工作无关的事情。 （4）认真执行货仓管理的“十二防”安全工作，即：防火、防水、防锈、防腐、防蛀、防磨、防爆、防电、防盗、防晒、防倒塌、防变形。 （5）定期检查电线绝缘状况是否良好。 （6）消防设施齐全，按消防部门颁布的标准配备，每季度定期检查一次，确保其使用功能。 5．保管 （1）仓管员应将仓库内储存区域与料架分布情形绘制“物料储位图”挂于仓库明显处，当物料存放区域有变更之时，储位图应作相应变更。 （2）坚持每日巡仓和物料抽查制度，定期清理仓库呆滞物料和不合格品。 （3）对仓库内保存期满的产品，应及时通知IQC重验。一经发现物料变质，要书面呈报上级。 （4）所有物料必须建立完整的账目和报表。 （5）每一物料应建立一张物料卡，除表明该物料的名称与储存位置外，还要依卡的颜色分A类、B类、C类，以示重点与一般管理。 （6）对不同的物料，在进厂后要有明显的标示。 （7）贵重物品要入箱入锁，并有专人保管。 （8）严格执行“5S”活动。 （9）查出变质物料及时隔离及处理。 6．收发 （1）送领物料的资料手续不全或缺损时，无特殊批准，货仓严禁收发。 （2）遵守货仓收发料的时间规定，严禁私自收发料。 （3）严禁收发已经确认的不合格品（特别情况需征得主管或品质部门的书面同意）。 （4）未经QC检验或无标示的物料不准入仓。 （5）严禁私自使用货仓物品。

（续表）

<table>
<tr><td colspan="6">7. 搬运
（1）搬运时，重物放于底部，重心置中，并注意各层面的防护，在卡板上堆放整齐，用液压车叉入匀速推行。
（2）严禁超高、超快、超量搬运物料。
（3）物件堆叠，以不超过厂区规划道路宽度为限，高度不得超过200厘米为原则。
（4）人力搬运注意轻拿轻放，放置地面应平稳。
（5）货物承载运行应避开电线、水管及地面不平地方。
（6）电梯载物应遵循《电梯安全使用规定》。
（7）下雨时，应对搬运的物料进行防淋措施。
四、附则
（1）本办法由仓库管理部门负责制定，其修改、解释权归仓库管理部门所有。
（2）本办法经总经理批准后，自颁布之日起实施。</td></tr>
<tr><td>编制</td><td></td><td>审核</td><td></td><td>批准</td><td></td></tr>
</table>

制度05：盘点管理办法

<table>
<tr><td rowspan="2">文件名称</td><td rowspan="2">盘点管理办法</td><td>编号</td><td></td></tr>
<tr><td>版本</td><td>A／0</td></tr>
<tr><td colspan="4">一、目的
为规范仓库盘点作业，确保仓库料账一致，配合年度会计审核，特制定本办法。
二、适用范围
适用于各类仓库的物料数量盘点工作。
三、内容
1．盘点准备
（1）申请盘点所需要的表单，即盘点卡和盘点清册。盘点卡用于贴示物料，盘点清册用于汇总物料库存资料。
（2）召开盘点会议，必要时成立盘点领导小组，划分盘点区域及负责人，确定盘点各项工作的分工。
（3）申请特殊度量工具、印章及其他需用品。确定盘点日期。</td></tr>
</table>

（续表）

（4）各单位指派参加盘点的人员，分为初盘人员与复盘人员，同时对人员进行分组并指定小组负责人。 （5）对盘点人员进行教育训练，由公司负责对各小组负责人进行训练，各小组负责人对所属人员进行训练。 2．初盘作业 （1）指定时间停止仓库物料进出。 （2）各初盘小组在负责人带领下进入盘点区域，至少每两人一组，在仓管员引导下进行各项物料的清点工作。 （3）初盘人员在清点物料后，填写盘点卡，注明物料编号、名称、规格、初盘数量、存放区域、盘点时间和盘点人员，做到一物一卡。 （4）盘点卡一式三联，一联贴于物料上，另两联转交复盘人员。 （5）初盘负责人组织专人根据盘点卡资料，填写盘点清册，将物料盘点卡资料填入。盘点清册一式三联，一联存被盘仓库，另两联交复盘人员。 3．复盘作业 （1）初盘结束后，复盘人员在各负责人带领下进入盘点区域，在仓管员及初盘人员代表的引导下进行物料复盘工作。 （2）复盘可采用100%复盘，也可采用抽盘，由公司盘点领导小组确定，但复盘比例不可低于30%。 （3）复盘人员根据实际状况，可采用由账至物的抽盘或由物至账的抽盘作业。 ①由账至物，即在盘点清册上随意抽出若干项目，逐一至现场核对，检查盘点清册、盘点卡与实物三者是否一致； ②由物至账，即在现场随意指定一种物料，再由此对盘点清册、盘点卡进行核对，检查三者是否相符。 （4）复盘人员对核对无误的项目在盘点卡与盘点清册上签字确认；对核对有误的，应会同初盘人员、仓管员修改盘点卡、盘点清册中所载的数量，并签字负责。 （5）复盘人员将两联盘点卡及两联盘点清册一并上交财务部。 4．盘点注意事项 （1）备齐盘点所需各项物品。 （2）参加盘点的人员均须挑选，并训练。 （3）决定仓库停止物料进出的时间，以避免一物二盘或漏盘。 （4）应尽量使现场存货量最少。 （5）应划分盘点区域，并指定初盘、复盘及配合人员。

（续表）

（6）公司盘点领导小组应组织专人进行各区域的稽核、指导和协调工作。 （7）规定盘点开始与截止时间。 （8）仓库人员应全力做好配合工作。 （9）估算盘点卡与盘点清册数量，空白、作废的盘点卡、盘点清册均应100%回收。 （10）制定初盘、复盘、稽核及配合人员的职责说明书。 （11）盘点卡、盘点清册应书写工整、清晰，易于辨识。 （12）制定盘点工作的奖惩规定。 （13）未尽事宜参照本公司“财产盘点办法”的规定。 5．应用记录 （1）盘点卡。 （2）盘点清册。 **四、附则** （1）本办法由仓库管理部门主持制定，其修改、解释权归仓库管理部门所有。 （2）本办法经总经理批准后，自颁布之日起实施。					
编制		审核		批准	

制度06：盘点作业指导书

文件名称	盘点作业指导书	编号	
		版本	A/0

一、目的

为了更好地控制物资库存，合理调整采购并加强公司员工的责任及工作态度，根据计划需要对公司内全部物资进行盘点，特制定本作业指导书。

二、适用范围

适用于公司对盘点操作进行管理的相关事宜。

三、具体内容

1．盘点编组

盘点工作开始前，根据盘点类别、盘点范围等确定盘点人员，并编制盘点人员编组表，报相关领导核定后予以实施。

（续表）

2．人员培训 （1）为保证盘点工作的顺利进行，在盘点工作开始前期，要对相关人员进行盘点知识的培训。 （2）培训主要从盘点物资的相关知识、盘点方法与技术两方面进行。 3．库存物资的整理 （1）存货的堆置，应力求整齐、集中、分类摆放。 （2）现金、有价证券等财物类物品应按类别整理并列出清单。 4．仓库整理 （1）验收完毕的物资，应及时整理归仓。 （2）仓库保持清洁、整齐，以便于计数与盘点。 5．盘点工具的准备 若使用盘点机盘点，需检查盘点机是否可正常运行，如采用人员填写方式，则需准备盘点表、红色和蓝色圆珠笔、盘点单等盘点工具。 6．其他相关事项 （1）协调供应商送货时间，盘点期间暂停进仓，对盘点期间收到的物资而未办妥入账手续的，应另行分别存放并予以标示。 （2）协调生产运作，盘点期间暂不办理领料、退仓等作业，若各生产单位在盘点期间确需领料，经相关领导批准后，可以做特殊处理。 7．盘点实施 （1）确定盘点方式（月度盘点、年中盘点、年终盘点、临时盘点）。 （2）确定盘点范围。 （3）盘点实施时间：××××年××月××日××时～××××年××月××日××时。 （4）盘点部门：××部。 8．盘点注意事项 （1）初盘注意事项。 仓管人员负责在月（季、年）末完成初盘。由初盘人员填写盘点单中的物料编号、物品名称、初盘数量，并在初盘人栏内签名。盘点单应贴于该物品醒目的地方。 （2）复盘注意事项。 复盘时，复点者要先检查盘点配置图与实际现场是否一致，以及是否有遗漏的区域。复盘可于初盘进行一段时间后开始进行，复盘者需手持初盘者已填好的盘点表，依序检查，再将复盘的数字记入复点栏内，计算出差异，填入差异栏，并在“复盘人”栏中签字。

（续表）

9．抽盘

（1）抽盘者同复盘者一样，也要先检查盘点配置图与实际现场是否一致，以及是否有遗漏的区域。

（2）抽盘者抽点物品时，可选择盘点区域的死角、不易清点的物品、单价物品和数量多的物品，以及盘点表上金额较大的物品。

（3）抽盘者要对初盘与复盘差异较大的数额进行确认。

（4）抽盘人员应根据抽盘结果反映出的盘点及物品管理的相关问题，对盘点及物资的日常管理工作提出建议。

10．账载错误管理

经盘点后，发现账载错误，如漏记、记错、算错、未结账或账记不清，应对有关人员按财务规章进行处理。数字如有涂改未签章，难以查核或虚构现象，可直接反映给财务主管报总经理议处。

记录人员、各经营部门的保管人员及其他财产保管人员有以下情况应予以赔偿。

（1）对所保管的财产有盗卖、调换、化公为私等徇私舞弊的。

（2）对所保管的财产未经报批擅自移动、出借或损坏不报的。

（3）发生以下情况，若及时汇报并采取措施避免损失进一步扩大的，可不予处罚。

①保管人员尽职尽责，但因不可抗力，如地震、火灾、抢劫等遭受损失的；

②容易腐蚀、变质，因管理人员无法控制而发生的损失；

③其他不属于保管人员的原因造成的其他损失。

11．盘点结束的后续工作

（1）盘点结果分析。盘点所得的资料应与账目相核对，若发现账物不一致，则应积极查明账物差异的原因。

（2）盘点工作评估。盘点工作结束后，公司应对本次盘点工作进行评估和总结，找出库存管理的不足之处，总结经验，同时也为下一次的盘点工作提供更好的经验。

四、附则

（1）本作业指导书由仓库管理部门主持制定，其修改、解释权归仓库管理部门所有。

（2）本作业指导书经总经理批准后，自颁布之日起实施。

编制		审核		批准	

制度07：呆滞物料处理规定

文件名称	呆滞物料处理规定	编号	
		版本	A／0

一、目的

制定库存的呆滞物料处理流程，规范呆滞物料的管理，使之有章可循。

二、适用范围

适用于各仓库中的呆滞物料的处理，除另有规定外，悉依本规定处置。

三、内容

1．定义

（1）呆滞物料。某物料的最后异动日至盘查时，其间隔时间超过180天者，称为呆滞物料。

（2）最后异动日。某物料储存于仓库之中，离盘查时最近的一次物料进出的日期，称为最后异动日；因历史原因无法查清最后异动日的物料，以最近一次盘点的时间为最后异动日。

2．呆滞物料的种类

呆滞物料产生的原因，大致有下列几种：

（1）订单变更或市场变化较大，导致物料呆滞。

（2）设计变更，导致物料呆滞。

（3）请购、采购失误，导致物料呆滞。

（4）生产余量无处消耗，导致物料呆滞。

（5）其他原因导致物料呆滞。

3．呆滞物料整理

（1）仓库于每月整理物料库存报表时，应将呆滞物料的编号、名称、规格、数量、最后异动日予以明确列出。

（2）资材部统计汇总呆滞物料的总金额、数量，并列出呆滞金额或数量最多的前十种物料明细，填写“呆滞物料库存状况表”。

（3）“呆滞物料库存状况表”一式四联，一联由资材部自存，一联呈总经理（或生产副总经理），一联转财务部，一联转生管部物控单位。

（4）资材部应于“呆滞物料库存状况表”中提出呆滞物料处理建议，供各相关人员参考，并于每月生产经营会议或生产计划会议上提出。

（5）生管部物控人员应对呆滞物料处理负责，针对呆滞物料状况，协同相关部门提

（续表）

出处理意见，并督促执行。

（6）总经理（或生产副总经理）负领导责任，负责协调，并指示相关部门提出处理意见（如技术部门、品质部门、生管部门）。

4．呆滞物料处理办法

呆滞物料的处理办法一般有下列几种：

（1）将呆滞物料再加工后予以利用，如整形、重镀等。

（2）将呆滞物料代用于类似物料，以不影响功能、安全及主要外观为原则。

（3）将呆滞物料回收后再利用，如塑胶制品回收等。

（4）将呆滞物料退还供应厂商。

（5）将呆滞物料转售给其他使用厂商。

（6）将呆滞物料售给中间商，如废品回收站等。

（7）将呆滞品报废处理。

（8）暂缓处理，继续呆滞，等待时机。

四、附则

（1）本规定由仓库管理部门负责制定，其修改、解释权归仓库管理部门所有。

（2）本规定经总经理批准后，自颁布之日起实施。

编制		审核		批准	

制度08：废料管理实施办法

文件名称	废料管理实施办法	编号	
		版本	A／0

一、目的

为了明确废料处理的相关知识，让企业废料处理明细化、透明化，提高员工的工作效率，特制定本办法。

二、适用范围

适用于对废料的处理。

三、具体内容

1．废料的认定

（续表）

凡不能再加工的物资或不能提高使用价值的，以及不能创造利润的废弃产品均称为废料。对于储存的废料，仓库管理部门要填写“物料报废申请表”，得到相关部门批示后再进行进一步的处理。

2．废料的整理

（1）各工作场所应置放废料桶，便于工作人员随时存放并便于一次搬运。

（2）各工作场所当日产生的废料，应于当日搬往各规定的废料存放区。

（3）仓库在收到各部门的废旧物资时，应进行登记，注明废旧物资名称、签收数量，逐月按各部实交废旧物资汇记数量。

3．废料的保管

（1）设置废料存放区，按类别分开存放，勿随地丢弃。

（2）各部门收集的各种废料，送交仓库统一处理。

4．废料的出售处理

（1）由仓库负责处理，行政部协办。

（2）各种废料由仓库负责分别寻价，并会同行政部定价。

（3）装车时仓库须派人随车监视，以免承购商夹杂有用物料或偷窃其他物资。

（4）过磅时通知行政部会同办理，同时注意防止承购商作弊，并于废料处理单上共同签字。

（5）经办人除应于每次过磅前将磅秤校正外，仓库还应按月办理重校。

（6）依据废料处理单开具销货单及发票，由仓管经理签章后交生产部经理核准。

（7）废料出售一律规定现款交易，收款后以当日结缴财务部收账。

（8）以每月标售处理为原则。

5．废料的回收处理

（1）将待处理废料集中一处并按其结构进行解体。

（2）按物料组成进行分类处理，并回收利用。

（3）不能解体的物资仍按出售方式处理。

四、附则

（1）本办法由仓库管理部门主持制定，其修改、解释权归仓库管理部门所有。

（2）本办法经总经理批准后，自颁布之日起实施。

编制		审核		批准	

第二节　日常储存专项表格管理

日常储存管理表格主要用于对日常储存管理各项工作、信息进行记录。例如，仓库温度、湿度记录表主要用于对仓库的温度和湿度情况进行记录，记录内容包括天气、相对湿度等。各级仓管人员在日常储存管理工作中，应及时将各项必要的信息记录在相应表格中，以备查看。

表格01：库存日报表

库存日报表

日期：　　　年　　月　　日

物品编码	品名	规格	昨日结存	今日入库	今日出库	今日结存	安全存量	备注

制表人：

表格02：仓库温度、湿度记录表

仓库温度、湿度记录表

库号：　　　　　　　　放置位置：　　　　　　　　储存物品：

安全温度：　　　　　　安全相对湿度：

日期	上午									下午									备注
	天气	干球℃	湿球℃	相对湿度(%)	绝对湿度(g/m^3)		调节措施	记录时间		天气	干球℃	湿球℃	相对湿度(%)	绝对湿度(g/m^3)		调节措施	记录时间	
					库内	库外								库内	库外			

表格03：仓库巡查记录表

仓库巡查记录表

检查项目	月 日	月 日	月 日	月 日	月 日	月 日	月 日
	星期一	星期二	星期三	星期四	星期五	星期六	星期日
库房清洁							
作业通道							
用具归位							
货物状态							
库房温度							
相对湿度							
照明设备							
消防设备							
消防通道							
防盗							
托盘维护							
检查人							

注：1．消防设备每月做一次全面检查。

2．将破损的托盘每月集中维护处理。

表格04：仓库交接班单

交接班记录

交班人员（签名）：　　　　接班人员（签名）：　　　　日期：

（以下由交班人员填写）

1．值班期间巡查情况：________________________________

____

____

2．值班期间防盗设备情况：______________________________

____

表格05：仓库清扫检查表

仓库清扫检查表

部门				工序	
检查者			日期		
分类	No.	检查要点		检查结果	对策和改进方案（期限）
仓库	1	产品、零件和原材料上有无杂物、灰尘			
	2	加工或清洗干净后的零件有无锈斑			
	3	仓库内的货架是否干净，有无灰尘			
	4	放置半成品的场所是否干净			
	5	搬运成品和半成品用的货箱有无污渍			
设备	1	设备的周围是否干净，有无灰尘			
	2	设备下面有无水、油污或垃圾			
	3	设备上有无灰尘、污垢和油污			
	4	设备侧面或控制面板等部位有无油垢或手印			
	5	油位计或压力表的玻璃面是否洁净，有无污渍			
	6	打开设备的盖板，有无污垢和灰尘			
	7	压缩空气管、电缆上有无杂质、灰尘和污垢			
	8	限位开关或电器开关上有无灰尘、污垢和油污			
	9	光电管上有无黏上灰尘和脏物（用软布擦干净）			
	10	设备台阶侧面上有无油污或垃圾			
	11	工装或刀具等有无黏附灰尘或垃圾			
	12	模具上有无油污			
	13	测量器具上有无灰尘、垃圾			
空地	1	地面和道路上有无沙、土、灰尘和垃圾			
	2	地板上有无积水或油污			
	3	门框、窗框上有无灰尘和污垢			
	4	窗户的玻璃上有无手印和灰尘			
	5	天井和房梁上有无灰尘和污垢			
	6	照明设施（灯泡和日光灯等）上有无灰尘			

（续表）

分类	No.	检查要点	检查结果	对策和改进方案（期限）
空地	7	照明设施（灯罩等）上有无灰尘		
	8	架子上和工作台上有无灰尘		
	9	楼梯、台阶上有无油污和灰尘		
	10	柱子下、墙角等处有无垃圾和污垢		
	11	建筑物周围有无垃圾、空容器		
	12	外墙的污垢有无用洗涤剂清洗		
总评：				

表格06：盘点票

盘点票

第一联			
物品名称		填写日期	
物品编号		存放货位号	
单位		数量	
填写人		盘点单号	
第二联			
物品名称		填写日期	
物品编号		存放货位号	
单位		数量	
填写人		盘点单号	

核对人		填写人		盘点单号	

说明：此单一般为一式两联。一联为点数人填写，另一联供复盘人员填写。

表格07：物品盘点计划表

物品盘点计划表

序号	物品类别	盘点内容	兼顾项目	盘点时间			备注
				日常	月度	年度	

表格08：盘点记录表

盘点记录表

盘点周期：　　　　　　　　盘点日期：　　　　　　　　页数：

序号	品名	规格	编号	账数	实数	差异数	状态	备注
主要事项说明：					盘点结果评价：			

盘点人：　　　　　　　　核对人：　　　　　　　　确认：

表格09：盘点情况汇总表

盘点情况汇总表

经管部门：　　　　　　　　　　日期：　　　　　　　　　　　　　编号：

品名	编号	单位	数量	品名	编号	单位	数量
合计				合计			

主盘人：　　　　　　　　　　会点人：　　　　　　　　　盘点人：

说明：此单为一式两联，第一联由经管部门留存，第二联由财务部留存。

表格10：物品盘存卡

物品盘存卡

经管部门：　　　　　　　　　　年　　月　　日　　　　　　　　编号：

序号	品名	编号	规格	单位	账面结存	盘点数量	差异数量	差异金额

财务部主管：　　　　　　会点：　　　　　　经管部门主管：　　　　　　盘点：

说明：此单为一式两联，第一联由经管部门留存，第二联由财务部留存。

表格11：盘点人员绩效考核表

盘点人员绩效考核表

绩效考核人员名单			
被考核人员			
考核地点		考核时间	
考核项目	考核内容	分值	实际得分
盘点业务	盘点前期准备工作充分	5	
	填写盘点卡认真、准确、清晰	10	
	填写盘点记录表认真、准确、熟练	10	
	采用正确的方式修改填写错误的盘点表	10	
	复核、填写复盘数据认真、准确	10	
	采用正确的复核确认方式处理初盘复盘有差异的盘点数据	10	
	盘点作业流程完整，没有遗漏	5	
盘点后处理业务	账目核对严谨、认真、准确	10	
	编制盈亏报表及时、认真、止确、熟练	10	
	盈亏原因分析合理、全面	10	
	采用正确的方式处理盘点盈亏数据	5	
	对在盘点中发现的物资差额、错误、变质、损耗和呆滞等结果，能提出合理的处理意见及纠正、预防措施	5	
合计		100	

备注：考核满分为100分，60～70分为及格，71～80分为中，81～90分为良好，91分以上（含91分）为优秀。

表格12：半年无异动滞料明细表

半年无异动滞料明细表

物料名称	单位	名称规格	入库日期	最近半年无异动			发生原因		拟处理方式		
				数量	单位	金额	原因	说明	办法	数量	期限

主管批准：　　　　　　　　　　经办人：

表格13：物料报废申请表

物料报废申请表

品名	规格	报废申请原因	拟处理方式	数量	单价	金额	如变卖预计回收金额	备注
合计								
总经理			厂长		生管		仓储主管审核	
财务副总经理			技术/开发		品管		制表人	

表格14：废料处理审批报告

废料处理审批报告

仓储部：

经审核，你部报来的“物料报废申请表”所列废料均属报废项目，同意作价处理。处理后的废料变价收入交公司财务部。

总经理（签章）

××××年××月××日

表格15：物料跟催表

物料跟催表

日期：　　年　月　日

本部需要下列规格的材料，请惠予清查见复：____________________

____

品名：________　规格：________　单位：________　数量：________

品质（型号、式样、材质、厂牌、效能等）要求事项：____________________

____

____

主管：　　　　主办：

经查________库截至____月____日尚有下列规格的材料：

品名：________　规格：________

单位：________　数量：________

品质状况说明____________________

____

____

注：本库自函复日起为贵部保留____天，逾期不候。

主管：　　　　主办：

正联：（1）洽购部门（跟催）；（2）洽购部门→洽售部门。

复联：（1）洽购部门→洽售部门；（2）洽购部门→洽售部门→洽购部门。

表格16：废料处理跟催表

废料处理跟催表

处理部门：　　　　　　　　　　　　　　　　　　　　填表日期：　　年　　月　　日

材料编号	名称	规格	处理表编号	应完成期限	未处理数量	未能如期完成原因

重拟处理方式			
出售期限	利用数量	具体方案说明	滞料处理人

处理记录					
日期	方式	单价	数量	金额	纪要

处理部门主管：　　　　　　　　组长：　　　　　　　　滞料处理人：

第六章　日常库存控制

库存控制是仓储管理的一个非常重要的内容，规范的库存控制能减少大量资金占用，提高资金周转率与利用率，同时也能减少对仓库储存区域的占用。

第一节　日常库存专项制度管理

日常库存控制制度很多，如物料存量控制办法、库存物品账务处理办法、安全库存管理规定等，这些制度主要用于对日常库存控制的各项工作进行规范，以便仓管人员按照制度要求开展工作。例如，物料存量控制办法对预估月用量、请购点设定、物料采购时间等都做了明确规定，仓管人员在开展物料存量控制工作时，应按照其规定进行。

制度01：物料存量控制办法

文件名称	物料存量控制办法	编号	
		版本	A／0

一、目的

为使工厂物料库存量得到控制，特制定本办法。

二、适用范围

适用于ABC物料中的C类物料，A类、B类物料中的常备物料。

三、内容

1．预估月用量

（1）用量稳定的物料由仓管人员依据去年的平均月用量，并参照预测今年的销售计划来预估月用量。

（2）季节性与特殊性物料由PMC人员于每年各季度末的25日以前，依前三个月及去年同期各月的耗用数量，并参考市场状况，设定预估月用量。

2．请购点设定

（1）请购点=购备时间×预估每日耗用量+安全存量。

（续表）

<table>
<tr><td colspan="6">

（2）采购需求量=本生产周期天数×预估每日耗用量。
（3）安全存量=紧急购备时间×平均每日耗用量。
（4）最高存量=采购需求量+安全存量。
3．物料采购时间
由采购人员依采购作业的各阶段所需日数设定，其作业流程及作业日数经主管核准，送相关部门作为请购需求日及采购数量的参考。
4．设定请购量
（1）考虑项目：采购作业期间的长短、最小包装量及最小交通量及仓储容量。
（2）请购数量=最高存量−安全存量=本生产周期天数×预估每日耗用量。
5．存量基准的建立
PMC人员将以上存量基准（安全存量、预估每日耗用量、紧急购备时间、正常购备时间等）分别填入“存量基准设定表”，呈主管核准并建档。
6．请购作业
请购单由PMC人员提出，利用电脑系统查询库存量、安全存量、已订未交量等，填好审核后送采购部门办理采购。
7．用料差异反应及处理
PMC人员于每月5日前针对前月开列的“用料差异反应表”，查明基准差异原因，并拟订处理措施，确定是否修正“预估月量”。如需修订，应于反应表“拟修订月用量”栏内修订，并经主管核准后，通知电脑部人员修改电脑系统存量基准。
四、附则
（1）本办法由仓库管理部门负责制定，其修改、解释权归仓库管理部门所有。
（2）本办法经总经理批准后，自颁布之日起实施。

</td></tr>
<tr><td>编制</td><td></td><td>审核</td><td></td><td>批准</td><td></td></tr>
</table>

制度02：库存物品账务处理办法

<table>
<tr><td rowspan="2">文件名称</td><td rowspan="2">库存物品账务处理办法</td><td>编号</td><td></td></tr>
<tr><td>版本</td><td>A／0</td></tr>
<tr><td colspan="4">

一、目的
为了使公司的库存物品财务处理明细化，提高公司的运作效率，特制定本办法。

</td></tr>
</table>

（续表）

二、适用范围

适用于对库存物品的账务处理。

三、内容

1．入库账务处理

（1）对于新购物品，采购部在物品到达仓库前三日内将相关订购单、提货单和验收单等单据交到仓库，仓库根据单据对物品进行验收和入账。

（2）仓库管理员将入库物品根据类别将其型号、规格和数量等信息详细进行登记。

（3）仓库在所购物料入库当日，根据实际进货规格和数量填制“物品（供应品）进库单”，并根据公司财务管理制度将相关单据及时转送财务部入账。

2．分公司进货账务处理

（1）公司下属分公司进货凭借“物品（供应品）订货单”向仓库订货。

（2）仓库对各分公司的订货，应于接到订货单的当日答复并组织出货，出货时应填制“物品（供应品）调拨单”，除第四联自存外，第一、第二、第三联应连同物品寄送进货单位签收。

（3）各分公司在收到仓库发出的物品时，应及时根据“货品交运明细表”及“物品（供应品）调拨单”上的进货内容办理验收进货，而后在“库存物品明细表”或“存货日记簿”上入账；“物品（供应品）调拨单”应于验收无误签收后，将其第二联寄还仓库，第三联连同“货品交运明细表”第二联及时送交财务部，第一联自行留存。

（4）仓库管理员就所保管的物品按型号或规格分别填写“型号明细表”或“存货日记簿”。

3．出货账务处理

（1）库存任何物品的出货，由领货人出示经单位主管签准的“物品领货单”，销售部人员还应另填写“物品领货卡”等作为出货的凭单。

（2）“物品领货单”一式两联。第一联由领货人交财务人员存查，第二联由仓库存查。“物品领货卡”由仓库于每月月底当天将销售部各月内所领出的物品（尚未还仓部分）逐一按人员分别登入，而后发文至各单位，并由各公司财务人员统一代为保管。

（3）库存物品出货后，仓库管理员应于当日凭着“物品领货单”上的记载登入型号登记簿中有关的记载栏内，作为该物品去向的追踪；物品领货记录卡则应于出货时，由仓库管理员签注后，立即交还原出货人。

（4）领货人必须在出货当日开具发票交货，若不能当天开立发票交货，则应于出货当日下班前将领出的物品归还仓库。如因将物品送往客户处试用以致无法还仓时，应于

（续表）

出货的当日下班前，将已经客户正式盖章签收或单位主管签发的“物品试用签收单”交仓库管理员保管。

（5）领出物品如系已商妥欲交货的，领货人应于出货后根据物品领货记录卡上的有关资料，另填写“交货通知请示单”。请示核准后，交公司财务会计开具发票。

（6）财务会计在开具发票时应先核对“交货通知请示单”内有关客户名称、物品型号、号码等的记载是否与“物品领用记录卡”上所载相符，同时还应根据卡上所载内容将其详细记载到发票摘要栏内，不得误登或漏登。

4．还仓账务处理

领出的物品如系供客户试用、更换等而还仓的，原领货人应将物品及物品领用记录卡一起交到仓库，仓库管理员负责验收后，在物品领用记录卡上签收，并将原领货人的“物品领货卡”加注物品还仓日期后作废。还仓的物品若经发现有毁损或附件短缺情形时，仓库管理员应依据实际验收情形，另行填制“物品（附件）毁损赔偿明细单”，交由领货人签认后，第一联由领货人留存，第二联送财务部扣款，第三联由仓库管理员留存。

5．旧货回收账务处理

（1）销售部销售物品应客户要求必须收回旧货时，应依“权责划分办法”的规定，在事先请示核准后，才能办理旧货回收手续。旧货回收应填写“物品进库单”，同时在备注栏内注明“旧货回收”等字样，并依“权责划分办法”的规定呈请签准后，向仓库办理物品进仓。

（2）仓库管理员在收到回收的物品时，应依照“物品进库单”上所示内容，办理签收入账，第二联交由原持货人送交公司财务会计附于当日销货报告后，并由财务部稽核，第三联由仓库留存。

6．销货退回账务处理

（1）销售部在销售物品时遇有销货退回时，应立即填写“物品（供应品）进库单”，同时在备注栏内注明“销货退回”字样，并依“权责划分办法”的规定呈请签准后，向仓库办理物品进仓。

（2）仓库管理员在收到销货退回的物品时，应立即详细检查，如无毁损或附件短少情形，应立即在“物品（供应品）进库单”上予以签收，同时登入物品登记簿内，并将“物品（供应品）进库单”的第一联转送财务部入账，第二联交由原持货人向公司财务办理销货退回手续，然后附于当日的销货报告后一并送交财务部稽核，第三联由仓库留存。

如物品经仓库管理员检查发现有毁损或附件短少等情形，应立即依实际验收情形另

（续表）

行填写“物品（附件）毁损赔偿明细单”，经由原持物品人签认后，第一联由原持物品人留存，第二联送财务部扣款，第三联由仓库管理员留存。 7．供应品出货账务处理 （1）供应品经出货后，如是耗用，则领货人应填写“附件（供应品）耗用单”，并依“权责划分办法”规定呈报核准后，交仓库凭以销账。 （2）公司财务人员在编制销货报告时，不得有漏填型号的事情发生。凡未经出货，财务人员不得擅自虚开发票，如因实际需要，应由该笔交易的经办人事先书面呈副总经理核准后，方能先行开具发票，而该书面报告应随同销货报告转送仓库保管。未附送书面报告者，一律不予核计实绩。 （3）仓库管理员根据每日销货报告分别销账，不得误销或漏销。 （4）库存物品如因不可避免的因素，导致有所毁损时，仓库管理员应填写“物品送修单”表明缺件或故障情形，连同物品一起送服务单位修护。 （5）“物品送修单”一式四联，第一联由送修单位仓库管理员存查；第二、第三联由送修单位连同物品送仓库转送工程部签收后，第二联由仓库留存；第三联由工程部留存；第四联由工程部填写预定修妥日期后，寄还送修单位交仓库管理员收存。 （6）工程部修妥送修的物品后，应将原留存的“物品送修单”第三联及物品一并转交仓库，并由仓库管理员签收后留存，如该物品是分公司送修的物品，则仓库管理员应于两日内寄还送修单位。 （7）分公司送修的待料物品，除非向仓库办理调拨手续转由仓库进货，否则一律视为存货账上的库存物品。 （8）仓库管理员应于每日自行清点所经管的物品，并于月底填写“物品存货月报表”和“供应品存货月报表”送交仓库及财务部核对，仓库核对无误后，在次月5日前向上级主管呈报上月全公司的“物品存货月报表”及“供应品存货月报表”。 **四、附则** （1）本办法由仓库管理部门负责制定，其修改、解释权归仓库管理部门所有。 （2）本办法经总经理批准后，自颁布之日起实施。

编制		审核		批准	

制度03：安全库存管理规定

<table>
<tr><td rowspan="2">文件名称</td><td rowspan="2">安全库存管理规定</td><td>编号</td><td></td></tr>
<tr><td>版本</td><td>A／0</td></tr>
<tr><td colspan="4">

一、目的

为了加强安全库存管理，在合理化库存的前提下保障生产，特制定本规定。

二、适用范围

适用于对安全库存的管理。

三、内容

1．定义

安全库存是指：不确定因素导致更高的预期需求或导致完成周期更长时的缓冲存货，安全库存用于满足提前期需求。为了防止由于不确定性因素（如大量突发性生产订单、交货期突然延期等）而准备的缓冲库存。

2．管理办法

（1）物料安全库存由物料管理员制定，经相关部门领导签字确认后生效。安全库存的制定依据是提前期需求量。提前期影响因素包括：物料每天需求量、物料供货周期、计划周期、合同评审周期以及存货缓冲期。

（2）物料安全库存由物料管理员及相关责任库管共同监控，当库存物料低于或等于安全库存量时，物料管理员应该通知计划部门及采购部，进行物料准备。

（3）物料安全库存应根据生产量、单件消耗量、供货周期等相关影响变化而做相应调整。安全库存应该按生产量进行更新，更新时间暂定为每年7月和12月。

（4）在生产过程中如果生产量、物料的单件消耗量及供应商供货周期有变化，相关部门（生产部、技术部和采购部）应该在第一时间通知物料管理员，物料管理员对安全库存做相关调整。如果相关部门没有及时通知导致影响生产的，相关部门及责任人应承担相应责任。

四、附则

（1）本制度由仓库管理部门负责制定，其修改、解释权归仓库管理部门所有。

（2）本制度经总经理批准后，自颁布之日起实施。

</td></tr>
</table>

编制		审核		批准	

制度04：物料库存管理办法

<table>
<tr><td rowspan="2">文件名称</td><td rowspan="2">物料库存管理办法</td><td>编号</td><td></td></tr>
<tr><td>版本</td><td>A／0</td></tr>
<tr><td colspan="4">

一、目的

对库存的原材料、半成品、成品的安全管理，防止缺货、断货、积压等对公司造成损失，特制定本办法。

二、适用范围

适用于公司所有原材料、半成品、成品的管理。

三、内容

1．术语

采购周期是指采购方决定订货并下订单—供应商确认—订单处理—生产计划—原料采购（有时）—品质检验—发运（有时为第三方物流）的整个周期时间。若客户提供了滚动预测，采购周期为订单—供应商确认—订单处理—发运的时间总和。

2．职责

（1）采购部负责编制原材料、成品安全库存表，经主管领导审批后输入到系统。

（2）采购部和生产部共同负责编制半成品安全库存表，经主管领导审批后输入到系统。

（3）仓库负责根据安全库存表管理库存。

3．工作程序

（1）物流专员每月结合成品安全库存表制订月度发运计划，并负责系统中成品安全库存的更新。

（2）计划员每月结合成品、半成品安全库存表制订生产总计划。

（3）采购员结合原材料安全库存表制订月度采购计划，依采购批量进行采购。并负责系统中原材料安全库存的更新。

（4）仓库管理员每日根据安全库存表检查库存数量，发现数量小于或超出规定时，需及时通知相关采购人员。同时可根据车间日常领料情况，发现异常及时反馈给采购人员。

（5）采购员在接到仓库管理员库存报警或超量通知后，应根据生产实际需求情况，决定是否与供应商联络，通知供应商及时交货或改变交期。

四、附则

（1）本制度由仓库负责制定，其修改、解释权归仓库所有。

（2）本制度经总经理批准后，自颁布之日起实施。

</td></tr>
</table>

编制		审核		批准	

制度05：ABC物料管理制度

文件名称	ABC物料管理制度	编号	
		版本	A／0

一、目的

为加强对仓库物料的管理，对其进行ABC分类，特制定本制度。

二、适用范围

适用于仓库ABC物料的管理工作。

三、内容

1．定义

ABC分类法是以库存物品单个品种的库存资金占总库存资金的累计百分比为基础，进行分类，并实行分类管理。类别为A、B、C三类，金额比例为7∶2∶1，而品种比例为1∶2∶7。

2．分类

即对一个时期（1年）的物品消耗进行统计，分别计算出其品种，耗用金额占总耗用金额的比例，将其分成A、B、C三类，即重点，次点，再次之。

在具体实施管理时抓住A类，兼顾B、C类，做到花较小的力量取得最好的经济效果。

3．基本步骤

（1）依据统计资料，以每种物品的使用量乘以单价，得出全年每种物品的总价值。

（2）按每种物品的全年总价值的大小进行排列。

（3）计算出每种物品全年总价值占全部物品总价值的百分比。

（4）依各种物品所占的百分比分出类别。

（5）依据所占金额比例定义ABC物料。

ABC三类物料所占种类比例与金额比例大不相同，所以对ABC三类物料应采取不同的请、采购及进料管理方案。

3．请、采购控制方法

（1）A类物料：A类物料种类少，金额大，存货过高会产生大量的资金积压，加上部分物料工艺特殊或面临停产或未来新型使用，因此对于A类物料要非常严格地加以控制。

（2）B类物料：B类物料介于A类和C类之间，种类与金额占的比重一般，但也不能忽视。对于B类物料，可以不必像A类物料一样一次性大批量采购，可以采取一周或两周最经济方式采购批量加以采购即可。

（续表）

（3）C类物料：C类物料种类多，金额少，直接依MRP产生的结果购料即可。 **四、附则** （1）本制度由仓库管理部门负责制定，其修改、解释权归仓库管理部门所有。 （2）本制度经总经理批准后，自颁布之日起实施。

编制		审核		批准	

第二节　日常库存专项表格管理

日常库存控制表格主要用于对日常库存控制各项工作、信息进行记录。例如，库存控制表主要用于对库存控制工作进行记录，记录内容包括材料编号、最低安全库存等。各级仓管人员在开展库存控制工作中，应及时将各项必要的信息记录在相应表格中，以备查看。

表格01：库存控制表

库存控制表

储位		编号	
材料编号		单位	
商品名称		规格	
订购点安全存单		最低安全库存	

日期	凭单号码	摘要	入库量	出库量	结存量	备注

表格02：存量管制表

存量管制表

商品名称		单位		请购点	采购前置时间	
		库号				
规格		架位		请购量	月拨发量	
件号		图号		安全存量	每月平均拨发量	

日期	凭单号码	摘要	入库收/欠发	出库发/欠收	结存数量	请购量			分配			可利用量
						请购量	请购交货日期	总请购量	分配量	计划使用日期	总分配量	

表格03：存货调节表

存货调节表

日期：　　年　月　日

盘点单编号	存货编号	品名/规格	单位	库存数量				单价	金额	账面数量	差异			备注
				盘点	加	减	调整后				数量	单价	金额	

表格04：日存货汇总表

日存货汇总表

日期：　　年　月　日

批号	等级	规格	昨日结存	缴库		发送		退回		本日结存
				本日	本月累计	本日	本月累计	本日	本月累计	

表格05：年度存货汇总表

年度存货汇总表

项目		年末余额		
		本年计划	本年实际	上年实际
1．库存材料	（1）原材料 ①原料及主要材料 ②辅助材料 ③外购半成品 ④修理用备件 ⑤燃料 （2）包装物 （3）低值易耗品			
2．在途材料				
3．委托加工材料				

（续表）

4．在产品			
5．自制半成品			
6．产成品			
7．分期收款发出商品			
合计			
附注 1．各项存货年平均余额 （1）每百元销售收入占用的存货资金 （2）存货周转天数			
2．存货内容	账面实际成本	可变现净值	可能发生的损失
（1）已知提取变现损失准备的存货 （2）可变现净值低于成本的其他存货 （3）待处理存货短缺及毁损			

表格06：材料库存日报表

材料库存日报表

日期：　　年　月　日

品名	规格	材料编号	单位	昨日结存		本日进库		本日出库		本日结存		备注
				数量	金额	数量	金额	数量	金额	数量	金额	

仓管经理：　　　　制表人：

表格07：成品库存日报表

成品库存日报表

日期：　　年　　月　　日

名称	批号	等级	规格	昨日结存		本日缴库		本日出库		本日退回		本日结存	
				数量	金额	数量	金额	数量	金额	数量	金额	数量	金额

库存主管：　　　　　　　　制表人：

表格08：成品库存月报表

成品库存月报表

名称	批号	等级	规格	上月结存		本月缴库		木月出库		本月退回		本月结存	
				数量	金额	数量	金额	数量	金额	数量	金额	数量	金额

仓储部经理：　　　　　　　　库存控制主管：　　　　　　　　经办人：

表格09：物资报废表

物资报废表

物资名称	物资种类	物资编号	报废数量	原用途或制造编号
	□设备工具类 □产品类 □原材料类 □行政物资类			
报废原因			处置方式	
成本计算			价值评定	

材料		分摊费用		单位成本	
人工		合计		合计单位	
经理		价值评定		填表人	
入账		填表日期		审核人	

表格10：安全存量警示表

安全存量警示表

品类						
材料编号	单位	品名规格	现有库存量	安全存量基准	差异数量	建议采购量

表格11：呆料处理月报表

呆料处理月报表

编号：　　　　　　　　　　　　　　　　　　　　　　　　日期：　　　年　月　日

项次	物料名称	编号	材料类别	数量	原单价	原价值	处置方式	处置	
								费用	收入

主管/日期：　　　　　　　　　　制表人/日期：

表格12：废料处理月报表

废料处理月报表

编号：　　　　　　　　　　　　　　　　　　　　　　　　日期：　　　年　月　日

序号	物料名称	编号	材料类别	数量	原单价	原价值	处置	
							费用	收入

表格13：滞料处理记录表

滞料处理记录表

编号：　　　　　　　　　　　　　　　　　　　　　　　　日期：　　　年　月　日

物料名称		物料编号		数量	
处理方式	□废弃　□转用　□转售　□其他处理方式				
处理说明		处置部门			
损失分析					

表格14：滞料处理汇报表

滞料处理汇报表

编号：　　　　　　　　　　　　　　填表日期：　　　　　　　　　　　　　第　页　共　页

物料名称	上月结存	本月发生	本月处理情况明细												本月结存
			出售					报废				账面金额	合计		
			账面	时价	售价	账面损益	售价时价差异	账面	时价	废料处理收入	账面损失		账面	损益	
滞料处理负责人								表格汇总人							

表格15：库存物资异动更正单

库存物资异动更正单

物资编号		物资名称		物资类别			
单位		最低存量		请购点		采购期限	
请购量		最高存量					
备注							
审核人		填单人		填单日期			

第七章　仓储物流专项管理

企业生产的产品需要外运给客户，这就离不开物流管理。良好的仓储物流管理有助于企业产品的快速发出，提高运营效率，从而获得更多收入。

第一节　仓储物流专项制度管理

仓储物流管理制度很多，如仓库车辆管理规定、货运队行为规范、装车与卸货管理规定等。这些制度主要用于对仓储物流管理的各项工作进行规范，以便仓管人员按照制度要求开展工作，例如装车与卸货管理规定对货物的装车、卸货都做了明确规定，仓管人员在开展装车和卸货工作时，应按照其规定进行。

制度01：仓库车辆管理规定

<table>
<tr><td rowspan="2">文件名称</td><td rowspan="2">仓库车辆管理规定</td><td>编号</td><td></td></tr>
<tr><td>版本</td><td>A／0</td></tr>
<tr><td colspan="4">
一、目的
为加强车辆的管理及有效运用，特制定本规定。
二、适用范围
适用于对仓库所有车辆的管理。
三、内容
（1）仓库车辆使用人必须持有有效的驾驶执照。
（2）仓库车辆不得借予非本公司人员使用。
（3）使用人在驾驶车辆前应对车辆做基本检查（如水箱、油量、机油、刹车油、电瓶液、轮胎、外观等）。如发现故障、配件失窃或损坏等现象，应立即报告，否则最后使用人要对由此引发的后果负责。
（4）驾驶员驾车一定要遵守交通规则，文明开车，不准危险驾车（包括高速、紧跟、
</td></tr>
</table>

（续表）

赛车等）。 （5）任意放置车辆导致违反交规、损毁、失窃等情况的发生，由驾驶员赔偿损失。 （6）驾驶员不得擅自将车辆开回家，或作私用，违者受罚。为私人目的借用车辆应先填“车辆使用申请单”，注明“私用”，并经上级领导同意后才准开车。 （7）驾驶员对自己所开车辆的各种证件的有效性应经常检查，出车时一定要保证证件齐全。 （8）仓库车辆每次使用车后需填写“车辆使用记录表”，记录车辆的用途、出车时间、途经地及归库时间。 （9）因仓库车辆使用频率较高出车在外或出车归来停放车辆，一定要注意选取停放地点和位置，以便下次出车不被耽误。 （10）将车辆年审、二级维护，换油保养时间里程，张贴于仓库内及时注意时间变化。 （11）发货后，各车辆必须回仓库，车辆钥匙集中收回，任何人不得私自动用机动车辆，如发现有违规人员将处以经济处罚200元，造成的所有损失由当事人员全部承担。 （12）仓库对车辆进行定期的安全检查，保持车辆的良好性能，消除事故隐患。 **四、附则** （1）本规定由仓库管理部门负责制定，其修改、解释权归仓库管理部门所有。 （2）本规定经总经理批准后，自颁布之日起实施。

编制		审核		批准	

制度02：货运队行为规范

文件名称	货运队行为规范	编号	
		版本	A／0

一、目的

为进一步明确本公司驾驶员的工作职责，规范公司运输及装卸工作，杜绝事故隐患。根据驾驶员所从事工作的特殊性，经公司研究决定，特制定本规范。

二、适用范围

适用于对货运队所有工作人员的管理。

（续表）

三、内容 （1）公司驾驶员必须时刻牢记安全意识，遵守公司制定的各项规章制度。如有违反，按照相关制度进行处罚。 （2）公司驾驶员必须服从货运队的工作安排，如有不服从工作安排，经教育仍不改正者，每出现一次扣罚100元并严重警告；屡教不改者（全年累计发生3起以上者），即予辞退。 （3）公司驾驶员是公司对外的窗口，在外代表公司形象，必须时刻注重自身的形象及言谈举止。对客户的安排如有不同意见应当及时向货运队反映，严禁与客户发生直接争执，若出现与客户发生直接争执的，每出现一次扣罚100元并严重警告；屡教不改者（全年累计发生3起以上者），即予辞退。 （4）驾驶员在工作期间必须穿戴好相关的劳动用品，带好签字笔，并保持电话畅通，以备公司随时联络，所有工作必须按照相关的操作规程进行操作。有违反本条者，每发现一次扣罚10元。 四、附则 （1）本规范由仓库管理部门主持制定，其修改、解释权归仓库管理部门所有。 （2）本规范经总经理批准后，自颁布之日起实施。

编制		审核		批准	

制度03：装车与卸货管理规定

文件名称	装车与卸货管理规定	编号	
		版本	A／0

一、目的 为加强对装车与卸货的管理，特制定本规定。 二、适用范围 适用于对装车和卸货的管理。 三、内容 1．货物装车 （1）在装车时，必须严格按照公司相关的安全防护制度做好自身的安全防护，如有

（续表）

违反经教育仍不改正者，每出现一次扣罚10元。屡教不改者，将予以辞退。 （2）在装货时必须严格按照相关的安全操作规程进行操作，严禁违章作业。如有违反经教育仍不改正者，每出现一次扣罚20元。屡教不改者，将予以辞退。 （3）在装车时，必须严格核对好送货单上物品的品名、数量、商标，若出现装错货或检查不周的，每出现一次，扣罚相关责任人20元。 （4）在装车完毕后，必须对所装货物及车辆栏板进行行车前安全检查，确保货物在运输途中不致出现晃动、倾侧、跌落、分离等情况。如有违反本条内容而导致出现车载物料或设备发生损坏的，相关责任人将负责赔偿由此造成的公司损失。 2．卸货 车辆到达目的地后，应当负责与客户进行联系，沟通卸货事宜，并负责办理有关进厂手续。 3．其他要求 驾驶员应当严格按照公司的要求，小心驾驶车辆。因驾驶员违规操作，导致车辆在客户所属区域出现安全事故的，扣罚相关驾驶员100元。因事故导致公司出现损失的，相关驾驶员个人承担公司损失的50%。 **四、附则** （1）本规定由仓库管理部门主持制定，其修改、解释权归仓库管理部门所有。 （2）本规定经总经理批准后，自颁布之日起实施。

编制		审核		批准	

制度04：货物运输管理制度

文件名称	货物运输管理制度	编号	
		版本	A／0

一、目的 为加强对货物运输的管理，特制定本制度。 **二、适用范围** 适用于对各类货物运输的管理。

（续表）

三、内容 （1）驾驶员出车前应当仔细检查车辆状况以及点检随车设备，发现问题及时上报货运队，以防止在运输途中车辆出现故障，或者出现小故障因没有工具设备而现场无法维修的情况。 （2）驾驶员必须严格遵照国家的相关法律法规的要求，安全行驶车辆，严禁违章行车。所有因驾驶员违章行车而导致的罚款，均由驾驶员本人承担。 （3）若在运输途中发生公司驾驶员负主要及全部责任的交通事故（以交巡警事故认定书为准），相关责任驾驶员罚款100元。事故导致的损失保险公司不能足额理赔，致使公司出现损失的，对此，相关责任驾驶员承担公司损失的50%。驾驶员全年累计出现本条过错1次的，全年安全奖扣50%，出现2次以上的（含2次），取消全年安全奖。 （4）驾驶员除特殊情况外，应当遵从货运队制定的运输线路指令行车，并认真如实地填写车辆日报表，努力降低油耗，提高运输效率。特殊情况不能按照线路指令行车的，应当事先或事后向货运队领导作出说明，如有违者，每发生一起，罚款当事驾驶员20元。 四、附则 （1）本制度由仓库主持制定，其修改、解释权归仓库所有。 （2）本制度经总经理批准后，自颁布之日起实施。

编制		审核		批准	

制度05：车辆维修及保养规定

文件名称	车辆维修及保养规定	编号	
		版本	A／0
一、目的 为加强对车辆维修和日常保养的管理，特制定本规定。 二、适用范围 适用于对货运队车辆维修和日常保养的管理。			

（续表）

三、内容 （1）货运队实行专人专车的管理模式，每位驾驶员要爱护配属给自己的车辆，并且对该车辆负有日常维护及保养的责任。货运队负责制定每台车的维修及保养计划表，由对应驾驶员负责具体实施。货运队对此进行抽查考核。若发现驾驶员未能真正履行保养责任，每发现一次，对责任驾驶员处以50元的处罚。 （2）货运队未制定车辆维修及保养计划的，每发现一次，对货运队主管处以100元的处罚。 （3）公司对所有车辆采取定点维修的管理模式，非经货运队同意，驾驶员不得在其他非定点的维修厂维修车辆，否则维修费用不予报销。 （4）公司驾驶员对所配属车辆的相关证件、顶灯、安全设备以及标志标牌等随车必备的物件负有保管及维修责任。遗失或掉落前述物件所造成的损失由责任驾驶员全额赔偿。 四、附则 （1）本规定由仓库管理部门主持制定，其修改、解释权归仓库管理部门所有。 （2）本规定经总经理批准后，自颁布之日起实施。

编制		审核		批准	

第二节　仓储物流专项表格管理

仓储物流管理表格主要用于对仓储物流管理各项工作、信息进行记录。例如，送货单主要用于对送货信息进行记录，记录内容包括收货单位、送达地点、货物名称等。各级仓管人员在开展仓储物流工作中，应及时将各项必要的信息记录在相应表格中，以备查看。

表格01：送货单

送货单

收货单位		送货人员	
送达地点		送货时间	

（续表）

发运物品详细内容							
货物名称	型号	规格	单位	数量	单价	总额	备注
有关说明							
收货方验收情况				收货方负责人签字			
	验收人员				负责人	（公章）	
	日　期				日　期		

说明：此送货单一式三联，第一联为货到目的地后用作签收，并由送货人员带回交给部门主管，第二联送仓储部提货用，第三联送财务办理结算用。

表格02：送货日报表

送货日报表

送货者姓名：　　　　　　　　　　　　　　　　　　填写日期：

项目	配送数量	交货金额	现收金额	配送总金额	现金		收款	收款率	出发时间	回公司时间	行程时间	出发前公里数	回公司里数	行程公里数	耗油量
					现金	余账收款									
上午															
下午															
合计															

报告事项（客户反映）	
1．对本公司的意见	
2．物料方面	
3．单价方面	
4．对于售货的要求	
5．对于售后服务方面的要求	
6．其他	

表格03：送货统计表

送货统计表

接单日期	制造单号	品名	规格	订货量	单价	金额	需求日期	物料供应状况			预定日期		品质记录	完工日期
											自	至		

表格04：交货日报表

交货日报表

编号：　　　　　　　　　　　　　　　　　　　　日期：　　年　　月　　日

编号	出货地点	货品样式	个数	件数	货品类别			数量	交货地点	备注
					大分类	中分类	小分类			

表格05：运送货物作业日报表

运送货物作业日报表

车牌号码：　　　　　　　　　　　　　　　　　　驾驶员：

编号	起运时间	起运地点	送达时间	送达地点	客户	品名	破损		
							品名	数量	原因

（续表）

	昨日表数		今日表数		本日实量		备　注
行走里程							
汽　油							
机　油							

填报人：　　　　　　　　　　　　　　　　　　填报日期：

表格06：运输车辆费用预算表

运输车辆费用预算表

单位：万元

车辆		货车	面包	货厢5T	货厢8T	总计
数量						
保费（年）	单价					
	金额					
养路费（年）	单价					
	金额					
道桥费（年）	单价					
	金额					
油料（年）	单价					
	金额					
更换轮胎（6万km/车）	单价					
	金额					
小修（年）	单价					
	金额					
运输管理费（年）	单价					
	金额					
大修（年）	单价					
	金额					

（续表）

车辆		货车	面包	货厢5T	货厢8T	总计
年审（年）	单价					
	金额					
合计						

表格07：车辆维护记录表

车辆维护记录表

车型			牌照号码			驾驶员	
序号	日期	维修原因	维修项目	金额	工时	维修人	备注

表格08：车辆保养修理记录表

车辆保养修理记录表

年		项目	金额	保养前已行驶公里数	经手人（签章）	主管（签章）
月	日					

表格09：车辆费用报销单

车辆费用报销单

申请人		单位		车号	
报支期间				车型	
项目	张数	金额	（单据粘贴处）		
小计					

主管：　　　　　　　　　　　　领款人：　　　　　　　　　　　　填表日期：

表格10：车辆费用支出月报表

车辆费用支出月报表

税捐保险费		修理保养费		过桥费		汽油费		上月里程	
说明	金额	说明	金额	说明	金额	说明	金额	本月里程	
								行驶里程	
								本月总费用	
								每公里费用	
								每公里汽油费用	
合计		合计		合计		合计		备注	

汽油费明细	日期	金额	经手人	日期	金额	经手人	日期	金额	经手人	日期	金额	经手人

主管：　　　　　　　　　　　　会计：　　　　　　　　　　　　填表：

表格11：油料库存月报表

油料库存月报表

项目	种类							
	汽 油		柴 油		机 油		合 计	
	公升	金额	公升	金额	公升	金额	公升	金额
上月购油								
本月购油								
本月发油								
本月结存								
备 注								

表格12：车辆事故报告表

车辆事故报告表

日期： 报告者： 签章：

发生时间	年 月 日上午/下午 时 分		
事故种类	1. 撞人事故（轻伤 住院 重伤 病危 死亡） 2. 车辆本身（颠覆 冲撞 冲出路外 零件损坏 其他） 3. 车辆相撞（擦撞 追撞 冲撞 其他）		
发生地点			
事故原因 事故情况		现场概图	
共乘者		见证人	

（续表）

当事人		对方	
姓名		姓名	
单位		单位	
本人地址		本人地址	
联络处		公司地址	
车种　年份		车种　年份	
车牌号码		车牌号码	
驾照号码		驾照号码	
保险公司		保险公司	
保险单号码		保险单号码	
损失额明细		损失额明细	
损失部分		损失部分	
备　注			

表格13：配送效率调查表

配送效率调查表

日期：　　年　月　日

调查项目	进货	验货	保管	分拣	流通加工	分类	集货	装车
作业数量								
作业人员								
作业时间								
作业场所								
设备数量								

第八章　仓库安全专项管理

仓库的正常运转离不开安全的储存环境和安全的工作方式，各级仓管人员都要按照企业在安全管理方面的要求开展工作，避免安全事故的发生。

第一节　仓库安全专项制度管理

仓库安全管理涉及的制度很多，包括仓库安全管理规定、仓库安全作业管理规定、仓库监控红外防盗管理制度等。这些制度主要用于对仓库安全管理的各项工作进行规范，以便仓管人员按照制度要求开展工作。例如，仓库安全作业管理规定对人力安全操作基本要求、基本的机械安全作业要求等都做了明确规定，仓管人员在进行安全作业时，应按照其规定进行。

制度01：仓库安全管理规定

文件名称	仓库安全管理规定	编号	
		版本	A／0

一、目的

为加强对仓库的安全管理，特制定本规定。

二、适用范围

适用于仓库日常安全的管理。

三、内容

1．职责

装卸工负责货物装载过程，门卫负责外来人员进入仓库的监控，仓库负责人对货物装载及外来物料的核查和验收。

2．安全培训

所有从事仓库工作的员工必须接受安全教育，认知危险意识和识别内部危险的培训。

（续表）

未经培训或许可人员一律不得进入货物装卸区，进出仓库必须接受登记。 3．来料验收及储存 （1）所有来料由仓库和安全管理代表或指定代表人核对采购部发出的“采购单”，对无货单物料一律拒收。 （2）已核实后的外来物料放入独立的验收区域，由IQC对货品品质进行检验。 （3）来货数量必须符合“采购单”或来货单数量，仓库根据货物的多少进行相应的调查，严重不符的，需向厂部或相关负责人举报。禁止一切无货单物料进入或被偷窃强取的事件发生。 （4）经过IQC检查后，合格的来料货物应存放于合格区内，分区摆放，并附上适当标志；物料的进出应记录于“物料储存记录卡”上，以便日后跟踪追述。 （5）成品储存仓要有专人负责管理，任何未经许可人士不得随便进入；如有客户或品质检查员进行检验时，必须要有主管级以上人员陪同。 （6）所有货物的储存环境必须有防盗防非法进入的门窗，并有管理员对物料进行调查并上报公司或客户。 4．货物对外运输 （1）成品外运时必须由仓库人员核对运输车司机出示的运输通知，在符合对外业务部发出的指示后方能装载货物。船务指示包括“出货通知书”、“托运书柜纸”等。 （2）所有货车、集装箱在装载物前必须接受例行的车箱检查并清洁干净。如发现车门关不严或车箱破烂的应向仓库负责人提出，不可接受该类车箱进行货物装载。 （3）在装载区域内进行货物装载时，需由安全管理代表或代表人进行监控，未经许可人员或车辆不得进入该区域内。 （4）货物在装载好后应由仓库负责人检查该车辆装载货物数量合格后再实时上锁，并由安全人员确认，司机在领取仓库开出的运输单或报单后即可将货物运送出厂。 （5）如对装载货物的车箱使用一次性封条的，应于运输单上填写封条号码，让收货方对装载车辆进行检验是否在运输过程中被改过，如发现被改过，双方都有责任对此展开调查，结果需向厂部及客户申报。 5．车辆管理 （1）所有车辆由后勤统一管理，人客车不得与货物运输同一区域停泊，对货车停车场实施人员监控，禁止未经许可人员的进入。 （2）外来装载的车辆、集装箱应实时进入装卸区域，如出现装货车辆过多至装卸区不能容纳时，需集中停泊于指定区域停车场内，并由门卫员对该区域进行监控。

（续表）

四、附则 （1）本规定由仓库管理部门负责制定，其修改、解释权归仓库管理部门所有。 （2）本规定经总经理批准后，自颁布之日起实施。					
编制		审核		批准	

制度02：仓库安全作业管理规定

文件名称	仓库安全作业管理规定	编号	
		版本	A／0

一、目的

为加强对仓库安全作业的管理，确保仓库所有人员、物资的安全，特制定本规定。

二、适用范围

适用于仓库现场所有作业的安全管理。

三、内容

1．人力安全操作基本要求

（1）人力操作仅限制在轻负荷的作业，单个人不得徒手搬运超过25千克的货物。

（2）尽可能采用人力机械作业。

（3）只在适合作业的安全环境进行作业。

（4）作业人员按要求穿戴相应的安全防护用具，使用合适的作业工具进行作业。比如所有仓库人员都必须在作业中穿着硬底保护鞋，不准穿拖鞋作业。

（5）合理安排工间休息。

（6）必须有专人在现场指挥和安全指导，严格按照安全规范进行作业指挥。

2．基本的机械安全作业要求

（1）使用合适的机械、设备进行作业。

（2）所使用的设备具有良好的工况。

（3）设备作业要有专人进行指挥。

（4）汽车装卸时，注意保持安全间距。

（5）载货移动设备上不得载人运行。

（6）移动吊车必须在停放稳定后方可作业。

（续表）

3．装卸搬运机械的作业安全 （1）要经常定期地对员工进行安全技术教育，从思想认识上提高其对安全技术的认识。 （2）组织员工不断学习普及仓储作业技术知识。 （3）各项安全操作规程是防止事故的有效方法。 4．仓库储备物资保管保养作业的安全 （1）作业前要做好准备工作，检查所用工具是否完好。 （2）作业人员应根据危险特性的不同，穿戴相应的防护服装。 （3）作业时要轻吊稳放，防止撞击、摩擦和震动，不得饮食和吸烟。 （4）工作完毕后要根据危险品的性质和工作情况，及时洗手、洗脸、漱口或淋浴。 5．仓库电器设备的安全 （1）电器设备在使用过程中应有可熔保险器和自动开关。 （2）电动工具必须有良好的绝缘装置，使用前必须使用保护性接地。 （3）高压线经过的地方，必须有安全措施和警告标志。 （4）电工操作时，必须严格遵守安全操作规程。 （5）高大建筑物和危险品库房，要有避雷装置。 **四、附则** （1）本规定由仓库管理部门负责制定，其修改、解释权归仓库管理部门所有。 （2）本规定经总经理批准后，自颁布之日起实施。

编制		审核		批准	

制度03：仓库监控红外防盗管理制度

文件名称	仓库监控红外防盗管理制度	编号	
		版本	A／0

一、目的 为加强对仓库监控红外防盗的安全管理，特制定本制度。 **二、适用范围** 适用于企业所有仓库的防盗管理。

（续表）

三、内容 （1）值班人员必须具有高度的工作责任心，认真负责，及时掌握各种信息，对红外视频防盗和监控在运行过程中发现的异常情况，能在3分钟内到达现场，及时进行处理并做好登记。 （2）非雷雨天气和施工需要，要保持视频监控和红外线24小时运行。 （3）每天对视频监控和红外防盗运行的情况进行登记，并在值班登记本做好记录。 （4）值班人员必须经过培训，严格操作规程，确保视频监控和红外系统的正常运作。 （5）无关人员未经许可不准进入视频监控室，非单位领导同意严禁外人调阅声像资料。 （6）不准在视频监控室聊天、玩耍，不准随意摆弄机器设备，保持室内的清洁卫生。 （7）必须保守秘密，不得在视频监控室以外的场所议论有关录像的内容。 （8）视频监控设备和红外线系统发生故障时，及时排除设备故障，不能解决的报请专业维修部门及时维修并做好登记。 （9）保持设备的清洁卫生，坚持每月的系统的维护，确保机器设备的正常运作。 （10）本制度与公司各项规章制度配套使用。 四、附则 （1）本制度由安全管理部门负责制定，其修改、解释权归安全管理部门所有。 （2）本制度经总经理批准后，自颁布之日起实施。

编制		审核		批准	

制度04：仓库物品安全储存管理规定

文件名称	仓库物品安全储存管理规定	编号	
		版本	A／0

一、目的 为规范仓库安全管理，保证物料、仓库及公司财物安全，特制定本规定。 二、适用范围 适用于各类仓库（原料、半成品、成品及物品仓库）的安全管理。

（续表）

三、内容 1．一般物料的安全储存要点 （1）不得超过堆放地面的安全负荷量。 （2）不得影响照明。 （3）不得妨碍机械设备的操作。 （4）不得妨碍通道与出入口。 （5）不得减少自动洒水器及火警警报器的有效功能。 （6）不得妨碍消防器具的紧急使用。 （7）不得依靠墙壁或结构支柱堆放。 （8）不得堵塞电气开关及急救设备。 （9）保持仓库整洁。 （10）减少不必要的搬运。 （11）标明存放的位置与通道。 （12）物料堆放平稳。 （13）设有适当的排水设备。 （14）易燃、易爆物品隔离存放。 （15）其他符合安全的原则。 2．危险物品的储存 （1）分类储存。 （2）良好的通风。 （3）适当的采光。 （4）火灾与爆炸的防止。 （5）危险物品的醒目标志。 （6）作业人员的安全防护。 （7）制定相应的安全规则。 （8）相关人员的安全训练。 3．其他安全管理规定 除遵守公司其他安全规章外，仓库安全管理还须注意以下事项： （1）非仓库人员未经仓库人员允许不可进入仓库。 （2）仓库内严禁吸烟和使用明火。 （3）因仓库施工须使用明火，应报安全保卫科批准，并采取防护措施。

（续表）

（4）仓库应有应急出口，不可仅有一个大门。 （5）仓库应配备足够的消防器材，如消火栓、灭火器等。 （6）仓管人员须经消防训练合格后方可上岗。 **四、附则** （1）本规定由仓库管理部门负责制定，其修改、解释权归仓库管理部门所有。 （2）本规定经总经理批准后，自颁布之日起实施。					
编制		审核		批准	

制度05：仓库安全员值班制度

文件名称	仓库安全员值班制度	编号	
		版本	A／0
一、目的 为加强仓库安全员值班管理，特制定本制度。 **二、适用范围** 适用于仓库所有值班人员。 **三、内容** （1）仓库安全员主要负责库房上下班、加班时的开门、关门，照明、电气等电源的开关等工作。 （2）仓库安全员由各仓库管理人员担任，如遇请假，需交由其他库房人员代为执行，值班期间由值班人员负责，指定的值班人员履行安全员一切职责，临时安全员需要报主管审批。 （3）仓库安全员每天早上9点对门、窗、架柜、库房设施等的完好性进行例行检查，并做好记录，对安全隐患应及时报告。 （4）检查消防通道是否通畅，物料的摆放是否合理，发现不合格项要马上处理。 （5）下班时，检查门、窗等是否关闭、上锁，办公设备、照明、电气等电源是否关闭。 （6）“仓库安全自检表”要求每天早晚各登记一次，要放在仓库进门处附近位置，库房主管、组长对表的填写进行监督与检查。			

（续表）

四、附则 （1）本制度由仓库管理部门负责制定，其修改、解释权归仓库管理部门所有。 （2）本制度经总经理批准后，自颁布之日起实施。					
编制		审核		批准	

制度06：外来人员进入仓库管理规定

文件名称	外来人员进入仓库管理规定	编号	
		版本	A／0

一、目的

为加强对外来人员进入仓库的管理，特制定本规定。

二、适用范围

适用于仓库所有外来人员的管理。

三、内容

（1）非仓库管理人员严禁进入仓库储存区域。

（2）物料人员在库房物料交接区域内与仓管人员进行物料交接。

（3）送货人员在卸货区域内与仓管人员进行物料交接。

（4）对必须进入仓库物料储存区的相关业务人员（如IQC、品质复检、稽查审核等），经库房同意后，在“外来人员登记表”上进行登记，并由仓库人员陪同后方可进入，严禁携带与物料无关的物品进入，离开时在登记表中登记“离开时间”，如有携带物品，要接受仓库人员的检查。

（5）对物料进行筛选、维修的供应商指派人员，在指定的接待区域进行，不得进入库房物料储存区域内。

（6）清洁人员只能在正常工作时间进入仓库区域。

（7）进入仓库区域的外来人员有义务接受仓库员工的监督与检查。

（8）“外来人员登记表”需放在库房门口处位置。

四、附则

（1）本规定由仓库管理部门负责制定，其修改、解释权归仓库管理部门所有。

（2）本规定经总经理批准后，自颁布之日起实施。

编制		审核		批准	

制度07：仓库安全检查制度

文件名称	仓库安全检查制度	编号	
		版本	A／0

一、目的

为加强对仓库安全检查的管理，特制定本制度。

二、适用范围

适用于仓库所有安全检查工作。

三、内容

（1）仓管经理、组长是库区安全检查的负责人，每天都要对库区安全性进行抽查。

（2）检查安全检查表的记录是否完整，对记录不完整的要记录责任人的姓名及违规事实。

（3）检查进入库区的外来人员手续是否完整。对进入库区的外部人员，看是否有准入许可证，如果没有要劝其离开；对有许可证的外来人员，要抽查是否进行登记；对违反规定的人员要记录其姓名。

（4）垃圾及垃圾箱的检查。垃圾的清理要及时，垃圾箱不许压黄色地标线，垃圾箱内的废弃物要用手翻查，如发现里面有物料或未拆开的包装盒/箱，马上找责任人改进。

（5）检查物料的摆放是否符合要求。如发现垃圾箱内有物料或物料的摆放超高，马上找责任人进行整改。

（6）检查人员要如实记录检查情况，并向部门负责人汇报检查结果。

四、附则

（1）本制度由仓库管理部门负责制定，其修改、解释权归仓库管理部门所有。

（2）本制度经总经理批准后，自颁布之日起实施。

编制		审核		批准	

制度08：仓库消防安全管理办法

文件名称	仓库消防安全管理办法	编号	
		版本	A／0

一、目的

为规范仓库的消防安全管理，特制定本办法。

（续表）

二、适用范围

适用于对仓库消防安全管理。

三、内容

（1）新建、扩建和改建的仓库建筑设计，要符合国家建筑设计防火规范的有关规定，并经公安消防监督机构审核。仓库竣工时，应当会同公安消防监督部门进行验收，如果验收不合格，则不得交付使用。

（2）仓库应当确定一名领导为防火责任人，全面负责仓库的消防安全管理工作。对义务消防组织，应定期进行业务培训，开展自防自救工作。

（3）仓库应当按照国家有关消防技术规范，设置、配备消防设施和器材。消防器材应设置在明显和便于取用的地点，周围不准堆放物资。仓库应明确专人管理，保证完好有效，严禁圈占、埋压和挪用，对消火栓、灭火器等消防设施，应当经常进行检查，保证完整好用。消防车道和仓库的安全出口、疏散楼梯等消防通道，严禁堆放物资。

（4）仓库的电气装置必须符合国家现行的有关电气设计和施工安装验收标准规范的规定。库房内不准设置移动式照明灯具，不准用电炉等取暖设备。仓库的电器设备必须由持上岗证的电工进行安装、检查和维修保养，电工应当严格遵守各项电器操作规定。

（5）仓库应当设置醒目的防火标志。进入甲、乙类物资库区的人员，必须登记，并交出携带的火种。库房内严禁使用明火，库房外动用明火作业时，必须办理动火证，并采取严格的安全措施。库区以及周围50～100米内，严禁燃放烟花爆竹。

（6）制定电源、火源、易燃易爆物资的安全管理和值班等制度，落实逐级防火责任制和岗位防火责任制。

（7）进入库区的所有机动车辆，必须做好防火工作。汽车、拖拉机不准进入甲、乙、丙类物资库房。各种机动车辆装卸物资后，不准在库区、库房、货场内停放和修理。装卸作业结束后，应当对库房、库区进行检查，确认安全后，方可离开。

（8）物资入库前应当有专人负责检查，确定无火种等隐患后，方可入库。甲、乙类物资的包装容器应当牢固、密封，发现破损、残缺、变形和物资变质、分解等情况时，应当进行安全处理，严防跑、冒、滴、漏等情况。使用过的油棉纱、油手套等沾油纤维物资以及可燃包装物，应当存放在安全地点，定期处理。

（9）露天存放物资应当分类、分堆、分组和分垛，并留出必要的防火间距。甲、乙类桶装液体，不宜露天存放，必须露天存放时，在炎热季节必须采取降温措施。甲、乙类物资和一般物资以及容易相互发生化学反应或者灭火方法不同的物资，必须分间、分库储存，并在醒目处标明储存物资的名称、性质和灭火方法。

（10）仓库内严禁吸烟，严禁使用明火，不得随意乱接电源线，不得使用电炉子等

（续表）

禁止使用的其他电器设备。

（11）仓库内不准存放易燃杂物，货物存放距照明灯不得小于0.5米。

（12）仓库管理员要了解本库物资的物理、化学性能，对易碎、易潮、易溶化的物资要特别维护，经常保持库内正常的温度、湿度，合理库存。

（13）仓库管理员要经常清洁库内地面、货架、物资上的尘土，保持库内干净整齐。

（14）仓库管理员、搬运人员应严格执行仓库设备的使用操作规程。

（15）仓库内所配备的消防设施，不得乱动或挪作他用，消防设施周围不许堆放任何物资，并经常检查，使之保持有效状态。

（16）仓库管理员应熟记火灾报警信号，按规定程序报警，熟知灭火器材的属性，并能正确熟练地使用各种灭火器材。

四、附则

（1）本办法由仓库管理部门负责制定，其修改、解释权归仓库管理部门所有。

（2）本办法经总经理批准后，自颁布之日起实施。

编制		审核		批准	

第二节　仓库安全专项表格管理

仓库安全管理表格主要用于对仓库安全管理的各项工作、信息进行记录。例如，仓库安全事故报告书主要用于对安全事故的报告工作进行记录，记录内容包括事故内容、发生地点、见证人等。各级仓管人员在开展仓库安全管理工作中，应及时将各项必要的信息记录在相应表格中，以备查看。

表格01：仓库安全管理实施计划表

仓库安全管理实施计划表

主题	实施内容	负责人	查核	日期									
				星期									

表格02：仓库安全日志

仓库安全日志

安全			事故					事故频率	对策指示事项
人员	时间	物资名称	存放场所	物资编号	内容	原因	损失额		

表格03：仓库安全日报表

仓库安全日报表

日期：　　　　　　气候：　　　　　　温度：　　　　　　湿度：

检查结果			
建议事项			
主要负责人		意见	
经理指示			

表格04：仓库安全事故报告书

仓库安全事故报告书

事故内容			
发生地点			
见证人		事故责任人	
发生日期	年 月 日	发生时间	□上午 □下午 时
事故原因			
事故状况			
处理方式	负责人：		
根本对策	负责人：		
追踪检查	负责人：		

审核： 制表：

表格05：安全改善通知书

安全改善通知书

检查日期： 第 号

不安全因素	不合规则处或不安全情形	建议改善事项	改善期限	改善经过或结果
检查人：	主要负责人：	主管：		

表格06：仓库密封管理检查工作表

仓库密封管理检查工作表

仓库密封管理	清理、检测标准	是否清理	相关文件
检查被密封物	是否检查物品的名称、规格。	□是　□否	物资说明表、物资记录表
	是否检查物品数量的正确性。	□是　□否	
	是否检查物品品质。	□是　□否	
	是否确认物品的外观尺寸。	□是　□否	
	是否确定物资属性安全。	□是　□否	
选择密封材料	是否选择油毡、苫布、芦席、塑料布。	□是　□否	密封材料一览表
	是否选择密封桶（箱、柜、盒、袋）。	□是　□否	
货架、货垛密封	是否计算货架、货垛所需密封材料面积。	□是　□否	密封记录表
	是否对货架、货垛突出的棱角加衬垫。	□是　□否	
	操作人员是否不少于两人。	□是　□否	
	密封材料是否从两侧同时上移。	□是　□否	
	密封材料是否紧贴货架或货垛。	□是　□否	
	密封材料下部是否全部包裹住货架、货垛。	□是　□否	
	对密封材料结合部分是否进行衔接。	□是　□否	
	是否可依据需要向内部充入氮气。	□是　□否	
容器密封	是否清理、检查密封容器。	□是　□否	密封记录表
	容器内是否已放好物资。	□是　□否	
	容器口部是否已密封。	□是　□否	
	是否将容器放置于特殊货架。	□是　□否	
小室密封	是否已清扫密封室。	□是　□否	密封记录表
	是否已对小室墙壁、顶部进行检查、修补。	□是　□否	
	是否将物资小心放入小室。	□是　□否	
	是否关闭室门。	□是　□否	
	是否密封小室门缝。	□是　□否	

（续表）

仓库密封管理	清理、检测标准			是否清理	相关文件
密封检查	是否检查密封接口部位的严密性。			□是　□否	密封检查记录表
	是否检查密封材料的完好度。			□是　□否	
	是否检查整体密封情况的完好度。			□是　□否	
组别		执行人		日期/时间	

表格07：仓库防盗管理检查表

仓库防盗管理检查表

仓库防盗管理	清理内容检测			是否清理	相关文件
上下管理	上班是否签到。			□是　□否	签到表
	下班是否签到。			□是　□否	
出入库管理	交接班是否签到。			□是　□否	出入库记录表
	外部人员入库是否持批准条。			□是　□否	
	内部人员是否持通行证。			□是　□否	
	出入是否有专人监督。			□是　□否	
作业现场管理	作业后是否整理物资，并在清点后放归原处。			□是　□否	
	作业后是否检查随身物品有否夹带仓库物资。			□是　□否	
物资出入库管理	是否核对出库物资数量。			□是　□否	物资出入库记录表
	是否清点原有同类物资数量。			□是　□否	
	是否清点入库实物数量。			□是　□否	
	是否核对入库单据标明数量。			□是　□否	
上下班检查	门窗是否关严。			□是　□否	日程表
	通风管道是否封闭。			□是　□否	
	下水管道是否封闭。			□是　□否	
	贵重物资是否放入保险柜。			□是　□否	
组别		执行人		日期/时间	

表格08：仓库防火管理检查表

仓库防火管理检查表

仓库防火管理	清理内容检测	是否清理	相关文件
电气设备检查	是否检查用电负荷。	□是　□否	电气设备位置图
	是否检查电线 ，更换老化线路。	□是　□否	
储存检查	易燃物资是否被隔离。	□是　□否	存储检查记录
	是否检查易燃物资有无出现冒、跑、漏。	□是　□否	
	灯具与物资距离是否适宜。	□是　□否	
	是否检查通风散热性状。	□是　□否	
器械检查	叉车、吊车进入库区是否有防护罩。	□是　□否	器械检查记录、器械使用规范
	是否存在易产生火花的工具。	□是　□否	
	器械是否在库房内修理。	□是　□否	
火源检查	易燃物是否及时清理。	□是　□否	火源检查记录
	库区是否未使用明火。	□是　□否	
火灾隐患处理	是否使用正确方法排除隐患。	□是　□否	火灾隐患排除办法
	对不能处理的火灾是否拨打火警电话。	□是　□否	
	是否将火灾隐患处理情况上报仓储主管。	□是　□否	
火灾处理	对普通物资起火，是否采用沙土、灭火剂等予以扑灭。	□是　□否	灭火指南
	对危险品起火，是否依据其产生的化学反应选择了适宜的灭火物。	□是　□否	灭火指南

组别		执行人		日期/时间	

表格09：仓库安全工作考核表

仓库安全工作考核表

绩效考核人员名单			
被考核人员			
考核地点		考核时间	

（续表）

考核项目	考核内容	分值	实际得分
温湿度管理	正确读出干球和湿球的温度。	10	
	正确读出相对湿度，查出绝对湿度。	10	
	正确填写温、湿度记录表。	10	
物资防锈、除锈处理	正确涂防锈油防锈。	6	
	选择合适的气相纸，正确包装物资。	6	
	正确用手工除锈。	6	
	正确涂防锈材料。	6	
	正确用防锈材料包装物资。	5	
物资防霉、除霉处理	正确涂刷防霉剂。	6	
	正确喷洒防霉剂。	6	
	正确放置防霉剂。	6	
	找出库内长霉物资。	6	
	正确晾晒。	9	
	正确除去霉迹。	8	
合计		100	

备注：考核满分为100分，60～70分为及格，71～80分为中，81～90分为良好，91分以上（含91分）为优秀。

表格10：仓库危险源识别与评价表

仓库危险源识别与评价表

序号	作业活动	危险源	控制措施
1	办公设备设施使用	显示器模糊影响视力。	
2	电器件使用	各类电气插座、插头老化/无漏电保护器或失效。	
3	人员外出公务乘车	车辆运行交通事故的危害。	
4	传染病媒介物	个别人员患传染病在不知道的情况下传染给他人。	
5	电线路连接	线路老化、连接错误、短路。	
6	消防器材使用	过期失效、空瓶或不会操作。	

（续表）

序号	作业活动	危险源	控制措施
7	开、关电源	开、关操作不当。	
8		损坏、漏电。	
9	灯管维修	高处坠落。	
10	风扇运行	风扇坠落/运转伤害。	
11	电脑使用	电磁辐射。	
12	员工工作时间过长	体力、听力、视力超过极限。	
13	办公作业	高温作业造成中暑。	
14		酒后上班/带病作业。	
15	工作场所卫生	致病微生物。	
		传染病媒介物。	
16	办公场所电器设施	标志缺陷。	
17	办公场所潜在隐患	办公区域潜在火灾。	
18	车辆使用	违规使用/尾气排放/噪声。	
19	车辆使用	酒后驾驶/疲劳驾驶。	
20	办公活动	人员外出和下生产现场的车辆。	
		运转设备的危害。	
21	仓储活动	树脂、发泡料等化学品管理。	
22		不当漏泄。	
23	仓储活动	物料搬运工具使用不当砸伤。	
24	仓储活动	进入化学品保管区未实施防护或防护不当。	
25	仓储活动	煤炭/粉尘原料管理时防护或防护不当。	
26	仓储活动	仓管员对化学品防护要求不明白。	
27	仓储活动	仓管员对化学品未按要求防护。	
28	仓储活动	物料标志不明误用。	
29	仓储活动	化学品储存方法不当。	
30	仓储活动	化学品搬运方法不当。	
31	仓储活动	仓库库房漏/通风不好等条件不适宜。	
32	仓储活动	库房物品布局不合理/通道不畅等。	

表格11：仓库危险源登记表

仓库危险源登记表

部门：

序号	活动/工序/部位	危险源	潜在的危险	状态	评价		控制措施	备注
					伤害程度	等级		

编制/日期：　　　审核/日期：　　　确认/日期：

表格12：仓库危险源调查表

仓库危险源调查表

部门：

序号	活动点/工序/部位	危险源及其风险	人员暴露于危险环境的频繁程度	状态	是否受授	是否守法	备注

调查人/日期：　　　审核/日期：　　　确认/日期：

第九章　仓库5S专项管理

仓库应积极开展5S管理活动，通过5S管理，使仓库保持整齐有序、干净清洁，为储存工作创造一个良好的环境。

第一节　仓库5S专项制度管理

仓库5S管理制度主要用于对仓库5S管理的各项工作进行规范，以便仓管人员按照制度要求开展工作。仓库5S管理制度对5S的含义、5S的目标等都做了明确规定，仓管人员在开展5S管理工作时，应按照其规定进行。

制度01：仓库5S管理制度（1）

文件名称	仓库5S管理制度（1）	编号	
		版本	A／0

一、目的

规范仓库现场管理，指导“5S”工作规范化开展，创造干净、整洁、舒适、安全的工作环境，提高仓库工作效率及准确性。

二、适用范围

适用于公司仓库的5S管理现场。

三、内容

1．5S定义

（1）整理（Seiri）：工作现场，区别要与不要的物品，只保留有用的物品，撤除不需要的物品。

（2）整顿（Seiton）：把要用的物品，按规定位置摆放整齐，并做好标志进行管理。

（3）清扫（Seiso）：将岗位保持在无垃圾、无灰尘、干净整洁的状态。

（4）清洁（Seiketsu）：将整理、整顿、清扫进行到底，并且制度化、规范化。

（续表）

（5）素养（Shitsuke）：对规定了的事，大家都要遵守执行。 2．目标 （1）两齐：库容整齐、堆放整齐。 （2）三清：数量、品质、规格清晰。 （3）三洁：货架、货物、地面整洁。 （4）三相符：账、卡、物一致。 （5）四定位：区、架、层、位，对号入座。 3．仓储区域划分 （1）仓库将仓储空间划分为移库组管理区、备料组管理区、成品组管理区，各组领班将所负责的区域划归给个人。 （2）区域划分按照同一时间在同一地点只能有一人负责的原则。 （3）个人负责的区域必须有明确的界线，不允许与他人区域交叉。 （4）个人对自己所负责区域的5S执行情况负全部责任，领班对本管理区的5S执行情况负全部责任。 （5）仓库依据各班组的详细区域划分做出区域划分平面图，并根据实际情况及时更新。 4．区域与标志 （1）区域划分清晰，区域名称、责任人明确标志。 （2）货架上的区域号码应准确、牢固。 （3）外包装箱上的标志必须清晰、牢固，标志中的零件名称、规格、数量必须与箱内的实物一致。 （4）高库位的托盘右下角必须贴有该库位的库位号。 5．整理 （1）高库位的货物上不许存在飘挂物（缠绕膜、绷带等）。 （2）货架上的货物放置应遵从同一类型或同一项目的货物集中放置，重量按照由重到轻的次序，取用频次由多到少的原则。 （3）同一种零件只有一个非整包装。 （4）破损的包装应及时修补或者更换。 （5）托盘中除存储物品外不得有任何杂物。 （6）区域内不得存放非本区域的货物。 （7）所有桌面、操作台面上只得放置加工单、笔、计算工具、电子秤等工作直接必需品；严禁放置废品、手套、帽子、水杯、笔筒等非直接物品。

（续表）

（8）消防区域内无杂物。 6．整顿 （1）各区域中货物占用的托盘必须平行、同向码放，不得歪斜排列。 （2）码放在托盘上的货物，原则上不允许超出托盘，货物码放应整齐，不许斜放。 （3）同一托盘中的同一种货物要码放在一起，并且确保有一箱的标志冲外。 （4）一层（含）以上库位上的木托盘朝向通道的部分，应部分超出货架横梁，确保木托盘均衡地压在货架上。 （5）所有包装不得敞口放置，已经拆开使用的包装必须封闭（胶带）。 （6）通道中备料暂存物料的托数原则上为4托，不允许超过5托，且暂存的物料需靠通道的一头码放。 （7）饮水区的杯子，使用完毕后必须放回柜中。 （8）所有叉车在指定位置停放时必须方向一致、姿态一致。 （9）叉车不得在没有使用者的情况下停放在非指定的任何位置上。 （10）备料车排放整齐。 8．清扫 （1）存储的货物干净无灰尘、水渍等。 （2）地面无散落的零件及废纸、包装、胶带等垃圾。 （3）消防器材整齐洁净。 9．清洁 （1）文件、单据分类清晰，文字填写清楚，资料整洁。 （2）现场的各类工具必须定位、定人管理，并按时清洁保养。 （3）电动叉车按照规定进行点检。 10．素养 （1）工服、工帽穿戴整齐，符合公司要求。 （2）遵守《操作员工手册》的各项规章制度。 （3）注意节电节水。 11．5S检查办法及奖惩机制 （1）每周二和周五上午10点，5S小组对仓储的5S情况进行检查。 （2）检查完毕后，公布检查结果（汇总各检查员的结果）。 （3）各组就出现的问题给出改进措施及时间。 （4）各组长每天依据该检查表对本管理区进行检查，并记录检查结果。

（续表）

四、附则 （1）本制度由仓库管理部门负责制定，其修改、解释权归仓库管理部门所有。 （2）本制度经总经理批准后，自颁布之日起实施。					
编制		审核		批准	

制度02：仓库5S管理制度（2）

文件名称	仓库5S管理制度（2）	编号	
		版本	A／0

一、目的

通过5S管理的实施，为大家创造良好的工作环境，和谐融洽的管理氛围，塑造仓库良好形象，特制定本制度。

二、适用范围

适用于公司仓库5S管理。

三、内容

1．5S定义

整理：将工作场所的所有物品区分为“需要”与“不需要”两类，合理处理“不需要”物品。

整顿：对所在区域的物品放置位置和方式进行规划，把“需要”物品按照一定的规律进行分类，整齐摆放并做相应标志，从而提高寻找和管理的效率。

清扫：将工作场所看得见与看不见的地方清扫干净，保持工作场所干净、亮丽；清扫过程中发现问题要力图恢复至完好状态。

清洁：持续地维持整理、整顿、清扫的成果。

素养：每位成员养成良好的习惯，并遵守公司规章制度，培养积极主动的精神，确保5S工作的持久进行不断深化。

2．人员职责

（1）主管：负责组织下属执行规定，同时对5S工作进行定期或不定期检查并汇报检查结果，列入个人绩效考核中。

（2）5S组长：负责审核各主管提交的5S管理规定，并评估是否具有可行性；

（续表）

（3）5S助理：负责提出5S目标，制定和修改5S管理规定。

（4）仓管员、物资配送员、叉车司机、制单员等：执行5S管理规定，提出5S改善建议，促进仓库内部工作改善。

3．日常工作要求

（1）随时处理与工作现场不相关的物品。

（2）不同区域进行规划。办公室内文件柜、办公桌椅、试验设备的位置摆放整齐。

（3）各定置区域和所在物品标志清晰。文件柜都要用标签标志，便于单据或工具的放置与查找。

（4）确定每个人的清扫范围和清扫职责。根据所分配的个人负责区域，应彻底打扫干净，对象为所在区域的所有设施，包括办公桌椅、文件柜、设备、地面、墙壁等表面看得见和看不见的地方。

（5）制定并张贴清扫及物料整理时间表，按照清扫整理时间表进行清扫和整理，确保清扫对象能够得到及时的清扫，从而始终保持干净亮丽的工作环境。

（6）在清扫和整理过程中努力发现并解决问题。当需要相关人员才能解决问题时，有特殊情况应及时向上级领导反映并要求修复。

（7）遵守工作规章制度。如考勤制度，安全制度，消防制度，仓库管理制度等。

（8）工作态度认真，无聊天、说笑打闹、吃零食现象；不随便离开工作岗位等。

（9）工装穿戴整齐，佩戴工卡，注意安全作业，避免安全事故的发生。

（10）听从领导安排，客观、理性地处理问题，避免鲁莽行事。

4．5S检查

以各班为单位，当班主管组织人员安排5S检查工作。

（1）检查人员数量：2～3人。

（2）检查时间：每天一次。

（3）记录及汇报方式：图片、文字说明。

（4）跟踪处理：持续改善，及时汇报改善情况。

四、附则

（1）本制度由仓库管理部门负责制定，其修改、解释权归仓库管理部门所有。

（2）本制度经总经理批准后，自颁布之日起实施。

编制		审核		批准	

第二节　仓库5S专项表格管理

仓库5S管理表格主要用于对仓库5S管理各项工作、信息进行记录。例如，仓库5S管理检查表主要用于对5S的各个检查项目的记录，记录内容包括地板上是否无废纸，墙壁上是否无灰尘等。各级仓管人员在开展仓库5S管理工作中，应及时将各项必要的信息记录在相应表格中，以备查看。

表格01：需要与不需要物品处理表

需要与不需要物品处理表

使用等级	使用频率	处理方式
不用/无用	（1）不再使用 （2）不能使用	清理出库
很少用	（1）可能会重新使用 （2）3～6个月使用一次	放置于仓库角落
较少用	1～3个月使用一次	放置于货架下部
经常用	每天或每周至少使用一次	放置于货架上部或通道两旁

表格02：不需要物品处理申请单

不需要物品处理申请单

编号：　　　　　　　　　　　　　　　　　　日期：　　年　月　日

物品名称	规格/型号	数量	不用原因	组长处理意见	仓储主管处理意见

审批：　　　　　　　　　　　　　　申报人：

表格03：不需要物品处理清单

不需要物品处理清单

部门：　　　　　　　　　　编号：　　　　　　　　　　　　　　日期：　　　年　　月　　日

物品名称	规格	数量	处理方式	折合金额（元）
合计				
备注：				

表格04：仓库5S管理问题票

仓库5S管理问题票

编号：

物资名称		日期	
问题描述：			
解决结果记录：			
部门		责任人	

表格05：红牌表单

红牌表单

<table>
<tr><td>部门</td><td></td><td>日期</td><td colspan="3"></td></tr>
<tr><td>品名</td><td></td><td>型号</td><td></td><td>数量</td><td></td></tr>
<tr><td>类别</td><td colspan="5">□器械　□器具　□原材料　□成品　□半成品</td></tr>
<tr><td>原因</td><td colspan="5">□老化　□变质　□损毁　□不合格
□失去用途　□销售退货　□生产退料</td></tr>
<tr><td>处理方法</td><td colspan="5"></td></tr>
<tr><td>判定者</td><td></td><td>审核</td><td></td><td>核准</td><td></td></tr>
</table>

表格06：红牌作战追踪记录表

红牌作战追踪记录表

部门：　　　　　　　　　　责任人：　　　　　　　　　　区域：

编号	存在问题描述	处理方案	红牌日期	承诺完成日期	实际完成日期

表格07：清扫值日表

清扫值日表

5S区	责任人	值日检查内容
电脑区		机器设备是否保持干净，无灰尘。
检查区		作业场所、作业台是否杂乱，垃圾桶是否清理。
计测器区		计测器摆放是否整齐，柜面是否保持干净，柜内有无杂物。
休息区		地面有无杂物，休息凳摆放是否整齐。
夹具区		夹具摆放是否整齐，夹具是否保持干净。
不良品区		地面有无杂物，除不良品外有无其他零件和杂物存放。
零件规格放置区		柜内零件规格摆放是否整齐，标志是否明确。
文件柜及其他		文件柜内是否保持干净，柜内物品是否摆放整齐。
备注：（1）此表的5S区是由担当者每天进行维护。 （2）下班前15分钟开始。 （3）其他包括清洁器具放置、柜、门窗、玻璃。		

表格08：5S培训计划

5S培训计划

序号	内容	项　目	目标值	对象	4月	5月	6月
1	5S知识培训	（1）5S的起源和适用范围	考试合格80%以上	全员	培训→	现场操作→	考核→
		（2）5S定义					
		（3）5S的作用					
2	5S活动步骤	（1）成立推进小组	100%理解并能实施	管理人员	→		
		（2）推进成员集中学习			→		
		（3）设定5S改进岗位					
		（4）推进成员进行现场诊断			→	→	
		（5）推进小组开展改进活动				→	
		（6）员工自身开展改进活动			→	→	
		（7）确认活动					→

表格09：各部门（班组）问题点改善表

各部门（班组）问题点改善表

	发动机厂	冲压	焊装	涂装	总装	底盘	……
上周问题点（个）							
整改个数							
整改率（%）							
考核评分							
本周问题点（个数）							

表格10：5S责任标签

5S责任标签

5S责任区			
编　号	区域间	责任部门	责任人
C022	车间管理看板	生产组	×××

表格11：班组5S评比宣传栏样式

班组5S评比宣传栏样式

______年______月份××车间5S工作评比							
	1	2	3	……	30	31	备注
1班	◎	○	◎		▲	◎	
2班	▲	◎	○		○	◎	
3班	※	○	○		○	◎	
4班	○	▲	※		▲	▲	
5班	◎	▲	○		○	◎	
说明	◎：代表良好（绿色）　○：代表中等（蓝色） ▲：代表及格（黄色）　※：代表较差（红色）						

表格12：仓库5S管理检查表

仓库5S管理检查表

仓库5S管理	清理内容检测	是否清理	相关文件
整理	地板上是否无废纸、无废屑、无杂物、无烟蒂。	□是　□否	不要物处理清单、不要物处置详情
	墙壁上是否无灰尘、无过期标语、无报表。	□是　□否	
	货架上是否无灰尘、无悬挂物、无过期标志。	□是　□否	
	货垛底部是否无积尘、无垃圾。	□是　□否	
	搬运器械、工具专放区是否无残损器械放置。	□是　□否	
	作业工具定置区是否无损坏工具放置。	□是　□否	
	办公桌上是否放置了最新账本和报表。	□是　□否	
	各作业区指导书、牌示是否为当前作业所需要的。	□是　□否	
	展板是否展示了最新报表、通知、图画。	□是　□否	
	垃圾篓中是否无垃圾存放。	□是　□否	
整顿	各类物质的存放区域是否用白线加以划分。	□是　□否	标志使用说明、画线说明
	是否在靠近门口的位置划定了待检区域。	□是　□否	
	待检区旁是否划有不合格品区。	□是　□否	
	库区内是否设置了机动车入库线路。	□是　□否	
	仓库门口是否设置了仓库平面图。	□是　□否	
	是否对货架进行编号、是否对物料进行编号。	□是　□否	
	是否进行物品分架、分层放置。	□是　□否	
	货垛上是否有物品说明标志。	□是　□否	
	物品包装上附有说明的一侧是否向外放置。	□是　□否	
	同类或相似物品是否定量放置。	□是　□否	
	货垛旁是否标明上限高度和最大承受压力牌示。	□是　□否	
	存放物资的容器是否对容量加以说明。	□是　□否	
	是否对特殊物品设置了隔离网，且加贴了警示牌说明。	□是　□否	
	是否对贵重物品设置了防盗装置。	□是　□否	
	过道是否用白线标志，并用箭头指引方向。	□是　□否	
	是否用黄线划分了搬运器械的放置区域，并将其放置好。	□是　□否	

（续表）

仓库5S管理	清理内容检测	是否清理	相关文件
整顿	设备旁是否贴示了操作指示。	□是 □否	标志使用说明、画线说明
	操作工具的放置是否整齐、随时可取。	□是 □否	
	仓库各道工序是否有必要的指示牌，且十分醒目。	□是 □否	
	要改善的作业是否悬挂了红牌。	□是 □否	
	消防设施是否有路线指示、牌示和使用说明。	□是 □否	
	通道转弯处是否设置反光镜。	□是 □否	
清扫	对于普通区域，是否用扫帚清扫、拖把拖地。	□是 □否	值日表、设备保养说明
	清扫特殊区域时，是否穿防护服，并使用特殊器具。	□是 □否	
	是否清理了墙壁天花板的浮尘和无用标志。	□是 □否	
	是否对货架上的污渍、汗迹和尘土进行擦拭。	□是 □否	
	是否清扫了苫盖物的浮尘。	□是 □否	
	是否清理了货垛下的积土和垃圾。	□是 □否	
	是否按说明或指示对设备进行了擦拭、清洗、润滑。	□是 □否	
	是否清理了过期的作业指导书或牌示。	□是 □否	
	是否清理了办公区域的无用文件和私人物品。	□是 □否	
	易潮湿的位置是否在除潮后喷洒了石灰。	□是 □否	
清洁	是否制定“要”与“不要”物品的基准。	□是 □否	不要物判定基准、5S奖惩制度
	是否制作了各类装置、设备、工具和物品定置图。	□是 □否	
	是否划分了清扫区域，并将清扫任务落实到每个人身上。	□是 □否	
	是否每日用5～10分钟进行前3S的操作。	□是 □否	
	是否制定5S奖励和惩罚措施。	□是 □否	
素养	仓管员是否面带微笑、用语文明。	□是 □否	仓库5S管理明细表
	仓管员是否勤洗澡、勤理发、勤剪指甲。	□是 □否	
	仓管员是否统一着装，佩戴厂牌、组牌。	□是 □否	
	仓管员在作业中的协作用语是否规范标准。	□是 □否	
	仓管员是否精神饱满地投入工作。	□是 □否	
	仓管员在工作中是否积极、争先，同时帮助他人。	□是 □否	
	仓管员是否遵守公司规章制度。	□是 □否	

组别		执行人		日期/时间	

表格13：5S日常确认表

5S日常确认表

责任人：																						照　片					
5S现场清扫内容				现场5S实施确认						责任者：								区域号：									
区域	清扫部位	清扫周期	要点及目标	月　日～　月　日						月　日～　月　日						月　日～　月　日						月　日～　月　日					
				周一	周二	周三	周四	周五	周六	周一	周二	周三	周四	周五	周六	周一	周二	周三	周四	周五	周六	周一	周二	周三	周四	周五	周六
墙	表面玻璃	1次/月	无油垢、无灰尘、无破损																								
地面	表面台下	2次/天	无油垢、无脏污、无物下落																								
现场物品	摆放状态	1次/天	整齐（水平、直角）干净																								
看板	摆放状态	1次/天	整齐（水平、直角）干净																								
桌椅	摆放状态	1次/天	整齐（水平、直角）干净																								
……	……	……	……																								
◎：代表良好（绿色）　○：代表中等（蓝色）　▲：代表及格（黄色）　※：代表较差（红色）																											

参考书目

[1] 刘毅. 仓储作业实务. 北京：机械工业出版社，2006.

[2] 张屹. 物控系统的建立及运作. 北京：经济管理出版社，2004.

[3] 滕宝红，葛春华. 仓储物流流程控制与管理. 广州：广东经济出版社，2005

[4] 刘鹏生，向壮丽. 优秀仓管员手册. 广州：广东经济出版社，2006.

[5] 翟光明. 仓库保管员. 北京：中国劳动社会保障出版社，2005.

[6] 李广泰. 仓储与物料管控. 深圳：海天出版社，2005.

[7] 曾宏，王兰会. 仓库管理人员岗位培训手册. 北京：人民邮电出版社，2007.

[8] 徐源. 物控主管实务. 广州：广东经济出版社，2005.

[9] 张屹. 物料使用的过程控制. 北京：经济管理出版社，2005.

[10] （台湾）王文信. 仓储管理. 厦门：厦门大学出版社，2006.

[11] 〔日〕片桐正. 库存管理入门. 白惠龄译. 中国台湾：小知堂文化事业有限公司，2001.